D0172083

APRENDE INGLÉS
EN 7 DÍAS

PSICOLOGÍA Y AUTOAYUDA

RAMÓN CAMPAYO

APRENDE INGLÉS
EN 7 DÍAS

www.edaf.net

MADRID - MÉXICO - BUENOS AIRES - SAN JUAN - SANTIAGO
2012

© 2007. Ramón Campayo.
© 2007. De esta edición, Editorial EDAF, S. L. U.

Editorial EDAF, S. L. U.
Jorge Juan, 68. 28009 Madrid
http://www.edaf.net
edaf@edaf.net

Algaba Ediciones, S.A. de C.V.
Calle, 21, Poniente 3323, entre la 33 Sur y la 35 Sur, Colonia Belisario Domínguez
Puebla, 72180, México.
Tfno.: 52 22 22 11 13 87
edafmexicoclien@yahoo.com.mx

Edaf del Plata, S. A.
Chile, 2222
1227 - Buenos Aires, Argentina
edafdelplata@edaf.net

Edaf Antillas, Inc
Local 30, A 2, zona portuaria Puerto Nuevo
San Juan, PR-00920
Telf.: (787) 707-1792

Edaf Chile, S.A.
Coyancura, 2270, oficina 914, Providencia
Santiago - Chile
edafchile@edaf.net

Queda prohibida, salvo excepción prevista en la ley, cualquier forma de reproducción, distribución, comunicación pública y transformación de esta obra sin contar con la autorización de los titulares de propiedad intelectual. La infracción de los derechos mencionados puede ser constitutiva de delito contra la propiedad intelectual (art. 270 y siguientes del Código Penal). El Centro Español de Derechos Reprográficos (CEDRO) vela por el respeto de los citados derechos.

22.ª edición, febrero 2015

Depósito legal: M-47.245-2011
ISBN: 978-84-414-1946-9

PRINTED IN SPAIN   IMPRESO EN ESPAÑA
Impreso por Cofas, S. A.

Índice

∾

Págs.

Introducción

∾

A PRENDE *inglés en 7 días* es una completa adaptación hacia el idioma inglés del método que explico en mi libro *Aprende un idioma en 7 días* *.

El lector podrá encontrar en él las tablas de vocabulario completamente terminadas, de forma que en ellas se incluyen los términos en castellano e inglés, la pronunciación figurada de cada palabra inglesa y la asociación inverosímil que nos permitirá memorizar y recordar la relación entre ambas palabras. De este modo podremos adquirir el vocabulario necesario de la única forma eficaz. Lo aprenderemos permanentemente y sin esfuerzo, y de paso pasando un buen rato.

El desglose de los 7 días de trabajo está reflejado en el libro de forma clara. Lógicamente, invertirás algún día más aparte de esos 7 en completar el aprendizaje, pues el libro hay que leerlo como un primer paso. También me he permitido poner algunos ejercicios previos que aseguren tu rendimiento, de forma que cuando llegues a los 7 días de trabajo te muevas mucho más ágilmente y ganes en tiempo y confianza.

Espero que el lector que tenga verdadero interés en aprender el idioma que hoy tratamos **no omita ninguno de los pasos y ejercicios** que se explican en el libro, y te digo esto porque te sorprendería saber la cantidad de personas que he conocido, gracias a mi libro anterior *Aprende un idioma en 7 días,* quienes tras expresarme que habían tenido más dificultades de las previstas en el estudio de algún idioma en concreto, a mis preguntas de:

---

* Publicado por Editorial Edaf.

¿Has hecho el ejercicio n.º ...?

O bien,

¿Has grabado tu voz alguna vez?

Me contestaban:

«Pues en realidad no, ese ejercicio me lo salté. Pensé que no era necesario en absoluto».

Afortunadamente, he conocido mucha más gente que ha experimentado estupendas sensaciones estudiando los idiomas según mi método, y algunas de ellas han aprendido por añadidura a no ponerse límites tan cercanos ni a dudar de su capacidad, como antes hacían.

El proceso de aprendizaje, en cualquier materia, depende en primer lugar de la técnica, y si esta es buena, el progreso y la mejora se harán patentes rápidamente, se creará ilusión y todas las personas mostrarán una capacidad de aprendizaje asombrosa que hará evidente la existencia de la mente prodigiosa que todos poseemos.

Me gustaría dedicar especialmente este libro a aquellas personas que tienen verdadera ilusión por empezar a hacer las cosas, y, si me lo permiten el resto de los lectores, a una señora española muy especial a la que no he tenido la fortuna de conocer personalmente. Esta señora se puso un día en contacto conmigo y, muy emocionada, me dijo que en «solo 7 días» (tras leer mi libro *Aprende un idioma en 7 días),* había aprendido el suficiente alemán como para hablar por teléfono con sus nietos, quienes residían en Alemania y no hablaban nada de español. Me aseguró que aunque su nivel no era lógicamente muy alto, podía comunicarse perfectamente con ellos y hablar de las cosas normales de cada día, preguntarles por sus estudios, por sus aficiones, por sus amigos, etc. La edad de esta persona era de 75 años.

¡¡Mis felicitaciones!!

Capítulo i

Fundamento de nuestro método

~

CUANDO una persona se inicia en el aprendizaje de un idioma, se encontrará con distintas dificultades que supuestamente tiene que superar. Dichas dificultades son tres:

a) **El vocabulario.**
b) **La pronunciación.**
c) **La gramática.**

El problema surge con el método que se usa para «aprender», pues este obliga por lo general a estudiar todas las materias que incluyen las tres dificultades anteriores a la vez, haciendo aparecer, ya desde el principio, trabas y dificultades en el aprendizaje, de forma que los estudiantes siempre se sentirán frenados por algún motivo (o por varios). Si creen tener vocabulario, les faltará gramática, y si se centran más en la gramática, aparte de verla complicada, estimarán que les falta vocabulario.

Con frecuencia los estudiantes pensarán que van atrasados en todo, y por tanto que no tienen suficiente vocabulario ni saben pronunciar o escribir adecuadamente. Y ya no digamos si se trata de comprender a una persona nativa.

Tampoco se le presta la suficiente atención al repaso, algo fundamental en el estudio de los idiomas. A veces apenas se le dedica dos horas a la semana en bloques de una hora, lo cual es peor aún, pues el idioma requiere una práctica diaria, aunque solo sea de 15 ó 20 minutos.

Hay que aprender el idioma del mismo modo que lo hace un niño pequeño, tal y como lo hicimos nosotros mismos con nuestra lengua materna, esto es, sin sentirse frenado y manteniendo la ilusión. El niño, cuando empieza a hablar, únicamente desea expresarse, y en absoluto le interesa la gramática ni pronunciar las palabras de forma perfecta. Este último es un importante defecto de muchos profesores de enseñanza de idiomas, quienes ya desde los primeros momentos ralentizan las clases intentando que sus alumnos pronuncien perfectamente, y desde el primer día, cada una de las palabras que van apareciendo. Con frecuencia repiten o hacen repetir a sus alumnos cada palabra un gran número de veces, consiguiendo muy pronto que estos ya no quieran hablar delante del profesor por temor a no hacerlo de forma perfecta.

Piense el lector que lo mismo le sucedería a cualquier niño al que desde pequeño se le intentase enseñar gramática o se le exigiese demasiado en sus comienzos, se retraería y no querría hablar. Se retrasaría su progresión en el aprendizaje de su lengua materna y de cualquier otra asignatura en la que sucediese lo mismo.

Es evidente que todos hemos aprendido a hablar bien nuestra lengua materna gracias a que hemos utilizado un sistema de estudio mucho más natural, relajante y eficaz, y también es cierto que al igual que ya lo has hecho una vez, podrás volver a hacerlo tantas veces como desees, eso sí, siempre que sea por medio de la técnica adecuada, la misma que ya te funcionó una vez a la perfección.

El adulto tiene más capacidad y facilidad de comprensión que el niño, y por consiguiente puede adquirir el vocabulario de forma mucho más rápida, pero eso solamente será posible si lo hace como es debido. Y digo el vocabulario porque se trata del primer freno, de la primera limitación que tendremos que superar y quitarnos de encima. Recuerda que inicialmente teníamos tres.

Vamos a revisarlas a continuación:

1.º El primero de los frenos hemos dicho que es el **vocabulario.** Efectivamente, en primer lugar tienes que conocer las palabras, pues si no las conoces, si no tienes vocabulario, ¿cómo vas a formar una frase? ¿Cómo lo harías?

2.º Seguidamente, y una vez que conoces la traducción de las palabras más importantes, tienes que centrar tu interés en la pronunciación y en hacerte comprender. Para este punto, conocer cómo suena tu voz en el idioma que estudias, en este caso el inglés, es algo fundamental, es un paso muy importante y a la vez muy omitido. Piensa que si no sabes traducir lo que oyes de ti mismo durante la lectura de un párrafo, menos aún podrás traducir y comprender lo que te diga una persona nativa, que encima no sabes por dónde te puede salir o de lo que te va a hablar.

Aprender a traducir escuchando tu pronunciación es algo vital que te facilitará mucho la labor, pues te sitúa a medio camino de la pronunciación perfecta. Es obvio que la voz de los nativos te costaría entenderla al principio mucho más, ya que pronuncian de forma diferente, y con un tono y una melodía de voz también diferentes. Gracias a este ejercicio, apenas podrás apreciar una ligera diferencia de tono o de melodía, ya que se trata de tu propia voz. De este modo podrás centrarte mucho más en reconocer cada palabra que escuches, que es de lo que se trata al principio.

> **Aprende a identificar las palabras rápidamente, sin experimentar ningún tipo de freno adicional.**

3.º Deja el estudio de la gramática más compleja, verbos irregulares, escritura y modismos o frases hechas para el final. El inglés tiene bastantes, y por ello suele parece más difícil de lo que en realidad es. Exprésate con tu vocabulario normal, procurando hacerlo más ágilmente cada vez, y deja las «dificultades» para más adelante, para cuando tengas tanta preparación que ya no lo sean y el «cuerpo te lo pida».

Por desgracia, los sistemas convencionales de estudio de los idiomas se siguen aplicando en los centros de enseñanza, a pesar de haber demostrado su claro fracaso. Estos «sistemas de enseñanza» hacen que el estudiante encuentre siempre muchas dificultades y trabas, y por culpa de ellas que se estanque en su progreso. De este modo, el entusiasmo se pierde pronto, y es superado con creces por las dificultades y por la desilusión. El motivo es que todo se estudia al mismo tiempo, incluso se suele empezar por la gramática (que encima es lo más feo y aburrido), es decir, ya enseñando a conjugar desde el primer día los verbos más importantes. ¡Qué horror!

Tarde o temprano (más bien temprano) sucederá que ese sentimiento continuado de dificultad acabará siendo la realidad del estudiante. Este sentirá que le es difícil aprender un idioma y abandonará su estudio desanimado y con pocas ganas de volver a retomarlo. De hecho, si así fuese, muy raro es el caso de la persona que empieza a estudiarlo de nuevo con más interés del que tenía la primera vez que lo intentó. El problema se agrava cuando la mayoría de estas personas, que sienten la «clara dificultad de aprender un idioma», se han puesto ya un límite y piensan firmemente que nunca podrán aprenderlo como es debido. Esto hará que si empiezan a estudiarlo nuevamente, tengan un freno de mano (la experiencia pasada) que ralentizará su proceso de aprendizaje y que será difícil de quitar, y además les servirá como pretexto ante la menor dificultad que experimenten.

Con la lectura de este libro espero que el lector pueda eliminar fácilmente su freno de mano y convencerse de que:

a) Aprender un idioma, en este caso el inglés, es realmente sencillo, aunque lleve tiempo adquirir un gran nivel.

b) Todas las personas tienen capacidad para ello.

Para conseguir este objetivo, mi sistema de estudio de los idiomas (SRCI) está diseñado para conseguir una progresión muy rápida y segura, de forma que los estudiantes nunca vuelvan a encontrar ninguna limitación en su aprendizaje. También pretende llenarlos de ilusión y de motivación.

Para finalizar, deseo decirte lo siguiente:

> **Sube bien alto tu autoestima y no pienses que te será difícil aprender ningún idioma.**

En 7 días podrás defenderte adecuadamente. Aunque hablarlo bien te llevará más tiempo, desde luego eso no quiere decir que el aprendizaje te vaya a resultar más difícil en ningún momento. No es más complicado ir en coche a una ciudad que está situada a 200 kilómetros de distancia que ir a otra que está a 100 kilómetros. A la que está situada a 200 kilómetros tardarás más tiempo en llegar, pero eso no hace que sea más difícil llegar hasta ella. Es cuestión de tiempo, no de dificultad (no es lo mismo).

Por ello, te propongo algo muy bonito:

Disfruta el viaje.

Cuando quieras darte cuenta, ya habrás llegado, y la experiencia habrá sido muy bonita y gratificante. No busques el resultado, pues podría sucederte lo mismo que suele pasar cuando se realiza un largo viaje en coche:

> **Si estás deseando llegar, el viaje se te podría hacer interminable.**

En cambio, si contemplas el paisaje y te entretienes con él, será una aventura muy hermosa que sin duda estarás deseando repetir. Por este motivo, disfruta de tu aprendizaje y aprenderás sin darte cuenta.

Mi intención con *Aprende inglés en 7 días* es por tanto prepararte un magnífico viaje y un bello paisaje, de forma que avances por él de forma agradable y experimentando buenas sensaciones. Pero también te he preparado un coche deportivo, para que lo hagas a alta velocidad. En este caso, «disfrute del paisaje» y «alta velocidad» son acciones que no están reñidas. Ambos ingredientes se complementan y harán tu viaje mucho más interesante y placentero.

Esto sucede siempre que se emplea la técnica adecuada. Aquella que hace saltar la fuerza que todos poseemos en nuestra mente y que surge cuando trabajamos a su favor y no contra ella.

Sí, la mente es muy agradecida, y ¡qué fácil es despertar el entusiasmo y el interés si se saben hacer bien las cosas!

Espero y deseo que sea así contigo, querido lector. Y ahora, si me lo permites, te invito a que pases página, y te abro la puerta para que subas a tu coche especial:

¡El viaje comienza!

Capítulo 2

La pronunciación figurada

∽

A continuación te muestro mi sistema personal de pronunciación figurada, mucho más completo y eficaz que el sistema internacional de pronunciación. Gracias a su sencillez y a su lógica, enseguida te familiarizarás con él y obtendrás mejores resultados, ya que podrás afinar bastante más en la pronunciación de cada palabra.

Este sistema de pronunciación es el que vamos a utilizar en nuestro libro, y por tanto será el que figure en las tablas de vocabulario que encontrarás más adelante. Si más tarde necesitas adquirir nuevo vocabulario y crear nuevas tablas, te recomiendo el uso de este mismo sistema para la pronunciación, aunque para la adquisición de ese nuevo vocabulario uses un diccionario que incluya la pronunciación figurada internacional.

Vocales

Las 5 vocales se pronuncian como en castellano:

a, e, i, o, u

Pero pueden tener **sonidos intermedios** si unimos dos vocales mediante una rayita. De este modo tendremos que:

ae será un sonido intermedio entre «a» y «e»
iu entre «i» y «u», etcétera.

Del mismo modo, muchos idiomas juegan con la duración de las sílabas en la pronunciación, resultando que algunas sean más largas que otras. Para conseguir este efecto, nosotros podremos:

a) **Alargar** una vocal si a continuación de ella vienen «dos puntos». Aquí tendríamos una «o» larga: **«o:»**.

O bien,

b) **Acortar** su duración si la vocal (o una consonante cualquiera) aparece subrayada: **«o»**.

Por ejemplo:

«o» se pronuncia como «o» normal.
«e:» será una «e» larga.
«u» será una «u» breve.

Fácil, ¿no?

Y hablando de las vocales, es muy interesante que conozcas su pronunciación general en inglés:

La **«a»** suena como **«ei»**.
La **«e»** suena como **«i»**.
La **«i»** suena como **«ai»**.
La **«o»** suena como **«ou»**.
La **«u»** suena como **«iu»**.

Consonantes

Casi todas las pronunciaremos igual que en castellano:

b, ch, d, f, j, k, l, ll, m, n, ñ, p, q, r, s, t, v, w, x, z

Ahora bien:

— **«g»**. Tiene el sonido de «gato», y nunca suena como «j».
— **«h»**. Suena como una «j» suave, como en «house».
— **«y»**. Como la «ll» fuerte del «yo» argentino, o como la «g» catalana de «generalitat».
— **«sh»**. Tiene el sonido de la palabra «show».
— **«*»**. Es una «r» muy breve.
— **«v»**. Aunque en castellano no distinguimos entre esta consonante y la «b», muchos idiomas sí lo hacen. Por esta razón tendremos que pronunciar la **«v»** de forma más real, tocando nuestro labio inferior con los dientes superiores.
— **«c»**. Cuidado con esta letra. El motivo es que en castellano se puede pronunciar como «k»: cama, copa, cuchillo... o bien como «z»: cepillo, cinturón, etc. Para evitar confusiones es preferible sustituirla directamente por alguna de estas dos consonantes «k» o «z». No obstante, se puede poner la «c» sin ningún problema, pero sabiendo que siempre debe sonar como «k». De este modo, escribiremos «camión» (o «kamión») como pronunciación figurada de la palabra «camión», pero también escribiremos «zinturón», con «z», para pronunciar la palabra «cinturón».

Uso de la tilde

Pondremos siempre la famosa tilde o «rayita» en la sílaba tónica, es decir, en aquella que se pronuncia con más fuerza dentro de cada palabra.

Observa, a modo de ejemplo, cómo quedarían las pronunciaciones figuradas de las siguientes palabras que hemos escrito en castellano:

Trapo: trápo
Armario: armário
Cuchillo: kuchíllo (o cuchíllo)

Cesto: zésto
Banana: banána
Viento: biénto
Huerto: uérto
Gato: gáto
Jota: jóta
Gente: jénte
Tos: tos

Todas las palabras que tengan al menos dos sílabas deberán llevar la tilde para que podamos pronunciarla de forma correcta.

Unos cuantos ejemplos

Dado que la pronunciación es algo muy importante en el estudio de un idioma, de hecho se debe aprender a pronunciar casi a la vez que se memoriza el vocabulario, vamos a poner acto seguido unos cuantos ejemplos con palabras del idioma castellano que conoces muy bien, con el fin de que aprecies mejor cómo se escribe sobre el papel su pronunciación. El objetivo de este ejercicio no consiste más que en que te familiarices y te sientas lo más cómodo posible con nuestro sistema de pronunciación figurada.

Te vas a encontrar con varios pares de palabras. La de arriba, en negrita, es la palabra castellana, tal y como se escribe, y la de abajo es su pronunciación figurada de acuerdo con nuestro sistema. Por favor, repásalas con atención.

casa	**cinta**
kása	zínta
saciar	**cien**
saziár	zien
censo	**queso**
zénso	késo

taco	**acabar**
táko	akabár
loco	**bien**
lóko	bien
zas	**vela**
zas	béla
cereza	**boda**
zeréza	bóda
sapo	**ave**
sápo	ábe
coco	**villa**
kóko	bílla
kilo	**valle**
kílo	bálle
traca	**baya**
tráka	bálla
cacería	**valla**
kazería	bálla
coque	**¡vaya!**
kóke	¡bálla!
cueva	**sabio**
kuéba	sábio
cavar	**verbo**
kabár	bérbo

vivir bibír	**juego** juégo
búho búo	**granjero** granjéro
exhorto exórto	**garaje** garáje
hormiga ormíga	**gesto** jésto
vaho báo	**regencia** rejéncia
cohete koéte	**registrar** rejistrár
hoja ója	**ahogar** aogár
joven jóben	**guasa** guása
gasa gása	**desguace** desguáze
gol gol	**reguera** regéra
gajo gájo	**cigüeña** ziguéña

CAPÍTULO 3

Tablas de vocabulario

~

TAL y como explicaba en mi anterior libro *Aprende un idioma en 7 días,* las palabras de cada una de las tablas de vocabulario las encontrarás agrupadas por tener alguna característica en común, de forma que la primera de ellas será la más representativa o general, es decir, la más importante, y por ello siempre estará escrita con letras mayúsculas. A esta palabra le seguirán otras que estén relacionadas con ella por formar parte de un contexto común o parecido.

Las tablas están formadas por cuatro columnas verticales que se reparten de la siguiente manera:

— **En la primera columna** podrás encontrar el término correspondiente al *idioma inglés.*
— **En la segunda columna** estará escrita la *pronunciación figurada* de la palabra inglesa.
— **En la tercera columna** tenemos la palabra correspondiente al *idioma castellano.*
— **En la cuarta columna** aparecerá finalmente la *asociación inverosímil* que relaciona la palabra castellana (tercera columna) con la palabra inglesa escrita, o bien con su pronunciación figurada (primera o segunda columnas).

Por tanto, las tablas tendrán esta apariencia:

Inglés	Pronunciación figurada	Castellano	* Asociación inverosímil
XXXXXX	«xxxxxx»	XXXXXXX	* Xxxxxxxxxxxxxxxxxx
XXXXXX	«xxxxxx»	XXXXXXX	* Xxxxxxxxxxxxxxxxxx
XXXXXX	«xxxxxx»	XXXXXXX	* Xxxxxxxxxxxxxxxxxx
XXXXXX	«xxxxxx»	XXXXXXX	* Xxxxxxxxxxxxxxxxxx
Columna 1	Columna 2	Columna 3	Columna 4

La letra «X» que aparece repetida en cada cuadrícula simplemente representa una palabra, o en el caso de la columna 4, una asociación inverosímil.

Si ya conoces mi libro *Aprende un idioma en 7 días,* sabrás cómo funcionan estas tablas. No obstante, y por si acaso no fuese así, presta atención al ejemplo que te expongo a continuación, que precisamente está extraído del citado libro:

Greet	«grit»	SALUDAR	* Es bueno **saludar** a <u>gritos</u> (pues te oye más gente)

Esta fila encabeza la tabla que relaciona el vocabulario referente a los saludos y a las despedidas. En ella podemos ver en primer lugar, y escrita con letra negrita, la palabra inglesa **«Greet»** (primera columna). Tras ella figura su pronunciación figurada: **«grit»** (segunda columna). Después tenemos la palabra **«SALUDAR»,** que corresponde a la palabra en castellano (tercera columna).

Finalmente, y en la cuarta y última columna, encontramos la **asociación inverosímil**, que puede relacionar la palabra de la tercera columna (saludar) con la de la primera o con la de la segunda columna. Podremos elegir cualquiera de las dos.

Por ejemplo, una buena asociación inverosímil que me haría adquirir una nueva palabra de vocabulario, en este caso que **«Saludar»** se pronuncia **«grit»** en inglés, sería esta:

*«Es bueno **saludar** a gritos porque de este modo podremos saludar a muchas personas a la vez».*

Es evidente que así nos escucharían incluso las personas que estén situadas más lejos de nosotros.

Para poder memorizar datos puros, como es el caso de la adquisición del vocabulario de otro idioma, tenemos que relacionar de forma inverosímil al menos dos cosas (dos focos), en este caso lo hacemos con la palabra **«saludar»** y con la palabra **«gritos»,** la cual sustituye eficazmente a la palabra inglesa **«Greet».**

Y precisamente se trata de eso, de algo tan divertido como buscar una palabra en castellano que sustituya a la inglesa, de forma que ambas tengan algún parecido entre sí. A veces puede tratarse solamente de una ligera aproximación, pero no importa, será suficiente con eso, pues con uno o dos repasos que les demos acabaremos conociéndolas a la perfección igualmente.

Importante: En este caso he utilizado para formar la asociación inverosímil el sonido **«grit»** (2.ª columna), y no la palabra escrita en la primera de ellas: **«Greet».** Para asociar cada palabra en castellano (3.ª columna), siempre podré elegir entre una palabra que sustituya a la de la columna n.º 1, o bien a la de la n.º 2, según me resulte más sencillo.

Esto es especialmente importante a la hora de ganar vocabulario en la lengua inglesa, pues en este idioma muchas veces las palabras se pronuncian de forma muy distinta a como se escriben. Por esta razón, las dos primeras columnas podrán llegar a ser bastante diferentes, lo cual me facilitará la labor de encontrar una palabra castellana que sustituya a su término correspondiente en inglés, ya que tendré el doble de opciones.

En el ejemplo anterior, podríamos reforzar la asociación visualizando en nuestra imaginación:

*Como todo el mundo va gritando por la calle mientras **saluda** con sus manos.*

— Fíjate en que la palabra marcada en negrita (**saluda**) corresponde a la palabra castellana, y la subrayada (gritando) lo es a la sustituta de la palabra inglesa. Este será para nosotros un código universal que vamos a utilizar en las asociaciones inverosímiles de todas las tablas.

— Cuando ambas palabras (española e inglesa) sean muy similares, no nos hará falta asociarlas. Curiosamente, al intentar recordar la asociación sabremos que no establecimos ningún tipo de relación inverosímil entre ellas, por lo que pronto deduciremos que se trata de palabras muy parecidas.

— Por otra parte, gracias a las asociaciones inverosímiles, el vocabulario que tan fácilmente vas a ir adquiriendo muy pronto pasará a tu memoria a largo plazo, a lo sumo con 2 ó 3 repasos, y ya no tendrás que volver a pensar en la asociación que hiciste. Las palabras traducidas te saldrán espontáneamente, formarán parte de ti, aunque, eso sí, para ganar velocidad y fluidez en el habla tendrás que practicar el idioma a diario, por lo menos al principio.

— Finalmente, ten en cuenta que es muy importante reforzar cada asociación inverosímil con fuerza y con claridad. Imagina y siente que está sucediendo realmente. Visualízala durante 3 ó 4 segundos con toda la intensidad que puedas (lo cual supone, dicho sea de paso, un excepcional entrenamiento), y repásala tantas veces como sea necesario.

Capítulo 4

Verbos

❧

EMPEZAREMOS con las tablas que nos permitirán adquirir el vo-cabulario correspondiente a los verbos.

Los verbos son la parte más importante de las frases, ya que transmiten la acción de estas. Por esta razón, una vez que conozcamos su traducción, aunque solamente sea en infinitivo, tendremos la sensación de que ya dominamos el idioma en su mitad. Esto sucede así porque podemos expresar mucha información usando solamente el tiempo infinitivo de los verbos:

¿Dónde poder comprar pan?
¿Cómo poder llegar a la estación?
¿Cuánto costar esto?
Tú tener que ir a pagar
Yo querer ir al centro
¿Qué querer hacer tú ahora?
Yo creer que usted poder ayudar a conseguir...

La lengua inglesa usa los verbos en infinitivo, tal y como hemos puesto en los ejemplos anteriores (los anglohablantes hablan como Tarzán). Por esta razón, conocerlos bien nos hará dar un paso de gigante en el aprendizaje de este idioma.

Aprender todos los verbos que necesitamos para comunicarnos es realmente sencillo. Como los encontrarás ya asociados en las tablas, únicamente tendrás que visualizar durante unos segundos cada asociación inverosímil, detectando en ella las palabras clave. En la casilla de las asociaciones te encontrarás con el siguiente código:

a) En negrita está la palabra castellana más importante, es decir, aquella que queremos aprender a decir en inglés.

b) Subrayada aparece la palabra, también castellana, que sustituye al término inglés y que nos ayudará a recordarlo.

Venga, vamos a empezar que ya voy teniendo ganas. Esto será muy divertido. Pero antes solo 2 cosas más:

- **Pronuncia en voz alta** la palabra inglesa. Ayúdate de la pronunciación figurada.
- **Esfuérzate en «ver» y en «sentir»** la asociación inverosímil durante 4 ó 5 segundos.

Be	bi:	SER ESTAR	* Todo el mundo conoce la frase de «**ser** o no ser»: «tu <u>bi</u> o no tu <u>bi</u>», ¿Estamos?
Have	ha:f	Haber Tener	* **Haber** es similar a <u>have</u>. **Tener** un <u>haba</u>
There is	de*ís	Hay	* **Hay** un payaso que hace <u>de reír</u>. **Ay**, qué <u>de risa</u> me da

Want	w<u>ao</u>nt	QUERER	* Todos los boxeadores **quieren** un <u>guante</u> de oro.
Wish	wish	Desear	* Una boda francesa en la torre Eiffel: «**Deseas** por esposa a...» «<u>Wi</u>» (Oui / Sí)
Love	l<u>ao</u>f	Amar	* **Amar** a un <u>lobo</u>
Help	help	Ayudar	* **Ayudarse** para andar con un bote de <u>gel</u>
Try	t*ai	Intentar	* Suele haber <u>tres</u> **intentos** para todo (como en el salto de altura en atletismo)
Get	get	Conseguir	* **Conseguir** cosas por la <u>jeta</u>

Ask for	ásk fo*	Pedir	* Estar siempre **pidiendo** es un <u>asco</u>
Need	ni:d	**Necesitar**	* **Necesitar** un <u>nido</u> para un pajarito inglés

Permíteme que hagamos ahora una pequeña comprobación. Repasa otra vez los verbos de las 2 tablas anteriores.

Si ahora te pidiese que me dijeses, con relación a las tablas que hemos visto, cómo sería en inglés:

«Querer intentar»

Con toda probabilidad me podrías decir:

«Want try»

Si usamos la 1.ª persona del singular, la forma correcta de emplear estos verbos sería:

«Yo quiero intentar»

Y en inglés diríamos, en principio, algo así como:

«I want try»

En castellano conjugamos del siguiente modo:

«Yo quiero intentar»
«Tú quieres intentar»
«Él quiere intentar»
etc.

En cambio, en inglés, el final de la frase siempre sería:

«... want try»

independientemente de la persona que sea (yo, tú, él, nosotros...).

Solo una cosa más, cuando aparecen 2 verbos seguidos y el segundo es un infinitivo, como sucede en este ejemplo con «intentar», en inglés se usa la partícula «to» delante del segundo verbo: «to try».
Así, la traducción exacta de:

«Yo quiero intentar»

sería:

«I want to try»

Fíjate que se diferencia muy poco de las 2 palabras que pusimos originalmente: *«Want try»*. Únicamente hemos añadido el pronombre personal, que es obligatorio en inglés (en este caso «I»), y la partícula «to», que nos está indicando que el segundo verbo, *«try»,* va en infinitivo.

Según lo que acabamos de ver, ¿serías capaz de traducirme las siguientes frases? Podrás encontrar la solución más abajo. Pronúncialas en voz alta:

Yo necesito amar
Nosotros (We) deseamos tener
Tú (You) quieres estar
Ellos (They) intentan conseguir
Ellos intentan conseguirlo

* * *

Solución:

- I need to love.
- We wish to have.
- You want to be.
- They try to get.
- They try to get it.

En esta última frase te he puesto algo nuevo: «it», equivalente al «lo» de «conseguirlo». Sí, sé que no lo hemos explicado, pero ha sido para hacerte pensar unos segundos. Al ver la solución habrás comprobado que es muy sencillo (y de uso muy frecuente), así que ya lo conoces para futuras ocasiones.

Live	lif	VIVIR	* Hay que **vivir** <u>lib</u>re y <u>lev</u>itando
Be born	bibó*n	**Nacer**	* **Nace** un pequeño <u>bribón</u>, y la madre le conecta unos <u>born</u>es eléctricos al <u>biberón</u>
Grow	gró<u>u</u>	**Crecer**	* Un <u>ogro</u> muy malo que **crece** y crece sin parar. Ya parece una gran <u>grulla</u>
Die	da:i	**Morir**	* Inevitablemente hay que **morir** un <u>día</u> u otro
Feel	fi:l	**Sentir**	* Todo el mundo **siente** <u>feeling</u> por alguien. El que más **siente** las cosas es el que más <u>Fe</u> tiene
Hurt	h<u>eo</u>*t	**Doler**	* Es **doloroso** que Robin <u>Hood</u> te <u>hurt</u>e tras darte un flechazo. Te duele 2 veces
Cure	k<u>iu</u>*	**Curar**	* Es muy similar

Por favor, ¿podrías traducirme ahora, sin mirar ninguna tabla, estas frases? Pronúncialas en voz alta:

Yo quiero vivir
Nosotras no (not) deseamos morir
Ellas (They) intentan curar
Vosotros (You) necesitáis sentir

* * *

Solución:

- I want to live.
- We wish not to die.
- They try to cure.
- You need to feel.

See	si:	VER	* ¿A un ciego le gustaría ver<u>see</u>? <u>Sí</u>
Look	l<u>ou</u>k	**Mirar**	* Un <u>loco</u> que te **mira** con ojos de ido
Hear	hí<u>ae</u>*	Oír	* Un caballo de carreras relincha «<u>híiaa</u>» al **oír** el disparo de salida
Listen	le<u>í</u>sen	**Escuchar**	* Si no puedes **escuchar** la bocina de **ese coche**, estás <u>listo</u>, pues te atropellará y te dejará <u>liso</u>
Like	laik	**Gustar**	* A los vegetarianos les **gusta** el <u>liquen</u>, pero siempre que sea también <u>laik</u>
Touch	t<u>ao</u>ch	**Tocar**	* Te **touca** tach<u>ar</u>, es tu turno
Smell	smel	Oler	* Cuando algo huele mal, evidentemente <u>es mal</u> **olor** el que hay

Speak	spík	**HABLAR**	* Al que **habla** mucho se le dice que cierre <u>su pico</u>
Say	sei	**Decir**	* Vemos a alguien con una <u>saya</u> dando una conferencia (tiene muchas cosas que **decir**)
Read	*i:d	**Leer**	* **Leer** un texto pequeño a través de una <u>red</u> que tiene gotitas de agua que hacen de lupa

Write	wrait	Escribir	* **Escribir** rápido estando muy irritado
Erase	i*éis	Borrar	* <u>Érase</u> una vez el hombre... con una goma de **borrar** bajo el brazo. «<u>Iréis</u> a **borrar**», ordenó
Sign	sain	Firmar	* Tras poner las <u>señas</u> se **firma** con nuestro <u>signo</u>

Can	k<u>ae</u>n	PODER	* Un <u>can</u> (estilo bulldog) con mucho **poder** te **puede** morder
Do	du	Hacer	* **Hacer** <u>dos</u> cosas al mismo tiempo, o **hacer** <u>dos</u>cientas
Work	w<u>eo</u>*k	Trabajar	* Mucha gente **trabaja** con el <u>word</u> en el ordenador
Make	méik	Fabricar	* Una pequeña **fábrica** que fabrica enormes <u>maque</u>tas de tren
Build	bi:ld	Construir	* Un **constructor** <u>vil</u> que deja una casa a medio **construir** es un <u>buitre</u>
Demolish	demólish	Derribar	* Similar a demoler
Eliminate	elímineit	Eliminar	* Es muy similar
Fill	fil	Llenar	* Si está **lleno** es porque ya no cabe ni el <u>filo</u> de un cuchillo
Empty	émpti	Vaciar	* La grada se **vacía** de gente, por aburrimiento, ante un <u>empate</u> a cero

Perdona que te interrumpa. ¿Podrías intentar traducirme una vez más, y sin mirar ninguna tabla, las frases que te pongo a continuación? Pronúncialas en voz alta:

Yo puedo hacerlo
Nosotras no deseamos llenarlo
Ellas quieren leerlo
Vosotros necesitáis construir
Tú puedes escribir
Ellos escuchan hablar
Usted no puede tocar eso

* * *

Solución:

- I can do it (tras el verbo «can» no se pone la partícula «to». Es una excepción).
- We wish not to fill it.
- They want to read it.
- You need to build.
- You can write (*¿lo hiciste bien esta vez?*).
- They listen to speak.
- You can not touch that (*¿y ahora?*).

Think	zink	PENSAR	* Vemos a alguien **pensar** al contarse los <u>cinco</u> dedos de la mano. No es muy bueno en matemáticas
Imagine	imállin	**Imaginar**	* Es muy similar
Believe	b<u>ei</u>líf	Creer	* Gente rezando (**creyentes**) con <u>velas</u> en el <u>relieve</u> de una montaña
Know	no<u>u</u>	Saber	* Un **sabio** dice: «<u>Que no, que no</u>. <u>No</u> **sabes** nada»
Meet	mi:t	Conocer	* Todo el mundo desearía **conocer** a su <u>mito</u>

Remember	rimémbe*	Recordar	* **Recordar** al <u>miembro</u> que falta en una reunión haciendo sonar una <u>membrana</u> (recordar = remembrar)
Forget	fo*gét	Olvidar	* Hay que **olvidarse** del <u>fuego</u> para caminar sobre las ascuas

Study	stádi	ESTUDIAR	* Gente que se pone a **estudiar** en un <u>estadio</u> de fútbol
Pay attention	pei aténsh<u>eo</u>n	Atender	* La madre se pone **a tender** la ropa. «<u>Pon atención</u>», le dice a su hija para enseñarla
Understand	ande*stánd	Comprender	* **Con prendas** prendidas de fuego, ponte rápidamente a <u>andar al stand</u> de los bomberos
Learn	l<u>eo:</u>*n	Aprender	* Un torpe <u>león</u> **aprendiendo** a cazar
Memorize	mémorais	Memorizar	* Es muy similar
Teach	ti:ch	Enseñar	* Un vendedor **enseña** al posible comprador solamente los <u>tech</u>os de su ruinosa casa
Explain	expl<u>aé</u>in	Explicar	* **Explicar** un <u>plano</u> tan grande que ocupa toda una <u>explanada</u>
Be right	bi rait	Acertar	* **Acertó** al <u>virar</u> el coche a tiempo, pues casi nos la damos
Be wrong	bi wron<u>k</u>	Equivocar (Estar equivocado)	* Al que se **equivoca**, un <u>tirón</u> de orejas. También hay que gritarle hasta quedar<u>se ronco</u>

A ver, a ver, se me ocurre otra idea. Tradúceme ahora en sentido contrario. ¿Cómo dirías en castellano estas frases?

They need to pay attention
You learn to memorize
You want to learn
You can be wrong

* * *

Solución:

- Ellos necesitan prestar atención.
- Tú aprendes a memorizar.
- Tú (usted, vosotros) quieres aprender.
- Tú puedes estar equivocado.

Go	gou	IR	* Si meten otro gol, ya nos podemos ir a casa
Arrive	arráif	**Llegar**	* **Llegar** arriba antes que el ascensor, tan rápido, puede producir **llagas** en los pies
Return	riteó*n	**Volver**	* En un reto, 2 pistoleros se **vuelven** veloces para dispararse
Come	kam	**Venir**	* Una madre llamando a sus hijos: «**Venir** a comer»
Go in	gou in	**Entrar**	* «In» implica hacia dentro, por lo que «go in» es «**entrar**», ya que «go» significaba «ir»
Go out	gou áut	**Salir**	* Del mismo modo, «out» implica «hacia fuera»
Take out	téikaut	**Sacar**	* **Sacar** punta a un taco de billar a la vez que se sale a la calle (out)

Me interesa que realices otra vez el ejercicio anterior. ¿Cómo dirías en castellano estas frases?

You forget to study
Marta and María wish to arrive
Pedro and I know how to return home (a casa)
You go to Madrid to study

* * *

Solución:

- Tú olvidas estudiar.
- Marta y María desean llegar.
- Pedro y yo sabemos volver a casa.
- Vas a Madrid a estudiar («to» significa ahora «a», «hacia»).

Nota: Fíjate que en el ejemplo de arriba en inglés, la frase «Pedro and I know how to return home» (literalmente, «Pedro y yo sabemos cómo llegar a casa») es necesario añadir la palabra «how» para decir cómo se hace algo, mientras que en español no es imprescindible emplear la palabra «cómo» para decir que sabes hacer algo (ej.: «Pedro y yo sabemos volver a casa»).

Bien, hemos visto bastantes ejemplos sobre la prontitud con la que se pueden formar frases en inglés perfectamente construidas.
Continúa estudiando las tablas con atención y sin saltarte ninguna. No te confíes, piensa que puedo volver a preguntarte en cualquier momento.

Walk	wo:lk	ANDAR	* Mucha gente **andando** con un <u>walki</u>e talkie
Run	ran	Correr	* Veo **correr** <u>ran</u>as en una carrera. Cada una lleva una <u>run</u>a en su espalda
Jump	llamp	Saltar	* Un paracaidista dice: «<u>Yupi</u>», y **salta** desde un <u>Jumbo</u>

Dance	daens	Bailar	* **Bailar** es lo mismo que danzar
Stop	sto:p	Parar	* Stop es una señal de tráfico internacional que significa **parar**
Wait	weit	Esperar	* Te está **esperando** la persona más wai del mundo
Cross	kro:s	Cruzar	* Veo corredores de cros **cruzar** por entre las **cruces** durante una carrera en un cementerio
Continue	kontíniu	Continuar	* Es muy similar

Travel	travl	VIAJAR	* Muchos niños traviesos **viajando** en el tren. Como son tan traviesos quitan las traviesas de la vía
Go up	gou áp	Subir	* Up = arriba (aupa), por lo que «Go up» será «ir arriba», es decir, «**subir**»
Go down	gou dáun	Bajar	* Uno que es tan gor do que solo puede **bajar**
Get in	gétin	Montar/ veh	* Si en un pequeño vehículo quieres **montar**, primero la geta en él habrás de entrar
Get out	gétaut	Bajar/veh	* Del mismo modo, al **bajar** primero la geta out (out = hacia afuera)
Drive	draif	Conducir	* Un futbolista **conduce** un deportivo durante un partido para drivlar más rápido a sus adversarios
Last	last	Durar	* Unas buenas pilas **duran** lasta que se agotan
Take (time)	téik	Tardar	* Una persona aburrida se polpea la mano con un taco de billar, pues su compañero **tarda** mucho en jugar

Tire	tái*	CANSAR	* Un asno muy **cansado** que ya no puede <u>tirar</u> más de un carro
Rest	rest	**Descansar**	* Es necesario **descansar** cuando se echa el <u>rest</u>o en algo
Go to bed	<u>gou</u> tu bed	**Acostar**	* Literalmente es «ir a la bed» (bed = cama)
Sleep	slip	**Dormir**	* **Dormir** tapado con un gigantesco <u>slip</u>
Wake up	wéikap	**Despertar**	* Un **despertador** muy malo que dice al sonar: «Qué <u>way,</u> <u>cap</u>ullo, que ya es la hora. ¡**Despierta**!»
Get up	gétap	**Levantar**	* **Levantar** de la cama solo la <u>geta,</u> sin el cansado cuerpo
Dress	dress	**Vestir**	* Los <u>tres</u> mosqueteros se **visten** los unos a los otros
Wash	w<u>ao</u>sh	**Asear**	* Para animar el día, lo mejor es **asearse** por la mañana con <u>guasa</u>
Clean	klin	**Limpiar**	* Un <u>clan</u> mafioso se pone a **limpiar** una casa tras haberla manchado de sangre después de una **limpia**
Stain	stéin	**Manchar**	* <u>Stalin</u> con una gran **mancha** en su bigote

Eat	i:t	**COMER**	* **Comer** pizzas en un <u>it</u>aliano hasta h<u>eart</u>arse
Have	ha:f	**Tomar** (ingerir)	* Veo a un <u>ave</u> **tomar** una copa
Have breakfast	haf brékfast	**Desayunar**	* Veo **desayunar** al <u>ave brocas</u> <u>fast</u>a hartarse. Giran por su boca tras mojarlas en leche

Have lunch	haf lanch	Almorzar	* Una moza **almuerza** <u>aves</u> en su <u>lanch</u>a
Have dinner	haf díne*	**Cenar**	* De noche veo **cenar** ricamente a las <u>aves</u>, gracias al <u>diner</u>o que ganaron durante el día
Drink	drink	**Beber**	* Veo <u>drenar</u> el agua de las jorobas de un camello inflado de **beber**

Buy	bá:i	**COMPRAR**	* <u>Voy</u> a **comprar** <u>bui</u>tres carroñeros en un comercio
Rent	rent	**Alquilar**	* Veo al gran **Aquiles** haciendo la declaración de la <u>renta</u>
Be useful	bi iúsfl	**Valer (Servir)**	* La traducción literal sería «ser útil»
Cost	ko:st	**Costar**	* Es muy similar
Pay	péi	**Pagar**	* Vemos **pagar** a un <u>pay</u>aso el <u>pei</u>ne gigante que acaba de comprarse
Owe	o:<u>u</u>	**Deber**	* Alguien exclamando «<u>oou</u>» cuando mira la cuenta y ve lo que **debe**
Get paid	get péid	**Cobrar**	* Un <u>guepardo</u> **cobrándose** una pieza a la carrera
Spend	spend	**Gastar**	* Una persona que se <u>spend</u>ola y se pone a **gastar** mucho dinero

Give	giv	**DAR**	* **Dar** a un camello tal bofetada que le sale otra <u>giba</u>. Ya tiene 3
Take away	téikawéi	**Quitar**	* **Quitar** con un <u>taco agua</u> de una mesa de billar inundada

Receive	risív	**Recibir**	* Es muy similar
Lose	lu:s	**Perder**	* **Perder** una pesada <u>losa</u> por un agujero del bolsillo
Look for	luk fo*	**Buscar**	* **Buscar** como un <u>loco four</u> (four es 4), es decir, 4 tréboles de 4 hojas
Find	faind	**Encontrar**	* Al <u>fin d</u>el camino **encontré** la aguja del pajar. ¡Qué <u>fina</u> era!
Show	sho<u>u</u>	**Mostrar**	* Un sastre se pone a **mostrar** unas telas a sus clientes haciendo un <u>show</u>
Change	chéinsh	**Cambiar**	* Hay que **cambiar** lo que está <u>changao</u>
Return	ritó*n	**Devolver**	* ¿Puedes **devolver** «El <u>retorno</u> del jedi» <u>retorn</u>ando ahora al videoclub?

Take	teik	**COGER**	* Tras **coger** un <u>taco</u> de billar, un **cojo** se apoya en él para andar
Leave	li:f	**Dejar**	* <u>Le a ve</u> la puerta para **dejar** <u>libre</u> a la <u>liebre</u> en la <u>lava</u> de un volcán
Use	iu:s	**Utilizar**	* «Utilizar» y «usar» significan lo mismo
Throw	zro<u>u</u>	**Tirar**	* Vemos a un <u>zorro</u> muy fumador que no para de **tirar** colillas al suelo
Fall	f<u>ao</u>:ll	**Caer**	* Veo **caer** al suelo a la <u>fall</u>era al <u>fall</u>arle el pie. Aquel con el que tantas <u>falt</u>as hacía
Pick up	píkap	**Recoger**	* **Recoger** una y otra vez del suelo una <u>pica</u> eléctrica (la corriente nos hace soltarla)

Take	téik	Llevar	* **Llevar** un pesado <u>taco</u> de billar al hombro
Bring	bri<u>nk</u>	Traer	* Veo a un perrito **traer** 2 copas en la boca para <u>brin</u>dar con su amo
Send	send	Enviar	* **Enviar** una carta echándola en un solitario buzón. Este tiene <u>sand</u>alias y se pone a andar por una <u>senda</u> para entregarla

Put	put	PONER	* Cuanto más «<u>put</u>a» sea una gallina, más huevos podrá **poner** (con perdón)
Place	pleis	Colocar	* **Colocar** las piezas de un gran puzle en una <u>plaza</u>, cubriéndola por completo
Add	<u>ae</u>:d	Añadir	* Un <u>ha</u>da agita su varita y no para de **añadir** más <u>ha</u>das de más **años** c<u>ad</u>a vez (**años** refuerza **añadir**)
Join	lloin	Juntar	* <u>Yo in</u>tentando **juntar** 2 imanes que se repelen con fuerza
Separate	sép<u>e</u>reit	Separar	* Es muy similar
Lack	la:k	Faltar	* Tras cometer la **falta**, el chulo futbolista se echa <u>lac</u>a en el pelo para repeinarse
Be left over	bi léfto<u>uve</u>*	Sobrar	* Una persona <u>vil le estorba</u>. Como **sobra**, hay que enviarla lejos dentro de un **sobre**

Count	káunt	CONTAR	* Es muy similar
Measure	mésh<u>ea</u>*	Medir	* Veo **medir** con <u>mesura</u> las medidas de una <u>mesa</u>

Weigh	wéi	Pesar	* Una báscula que al **pesar** no marca nada. Es muy <u>way</u> para los muy **pesados** que quieren adelgazar
Calculate	kálciuleit	**Calcular**	* Es muy similar
Add	<u>ae</u>:d	**Sumar**	* Ver añadir. Sumar = Añadir
Subtract	sobtrákt	**Restar**	* Es «sustraer»
Multiply	móltiplai	**Multiplicar**	* Es muy similar
Divide	diváid	**Dividir**	* Es muy similar

Allow	ael<u>áu</u>	PERMITIR	* Como le molestan los niños a los que les **permite** todo, no para de decir ¿<u>aló</u>? por teléfono, pues no escucha bien
Withstand	wizst<u>áe</u>nd	**Aguantar**	* **Aguantar** en equilibrio con un **guante** un pesado paquete de <u>winston</u> en un <u>stand</u> de feria
Bother	bád<u>e</u>*	**Molestar**	* Una pesada mosca que no para de **molestar** a un <u>bote</u> de tomate en un <u>badén</u>. Ahora se pone a <u>botar</u> en él
Begin	big<u>eín</u>	**Empezar**	* **Empezar** una carrera popular en una <u>vega</u>. Corren <u>vagos</u>, por lo que se hará eterna
End	end	**Terminar**	* La vía del tren **termina** en una <u>hend</u>idura de la pared de la estación, donde se empotró alguno

Open	oupen	ABRIR	* **Abrir** con llave la tapadera que cubre los hoyos del campo en el <u>open</u> de golf
Close	klous	Cerrar	* Los niños no paran de **cerrar** la puerta de la <u>clase</u> dando portazos
Call	k<u>ao</u>:l	Llamar	* **Llamar** a un timbre cubierto de <u>cal</u>

Solve	s<u>ao</u>:lf	SOLUCIONAR	* Es muy similar a «<u>solve</u>ntar»
Fix	fix	Arreglar	* El que **arregla** las cosas es muy <u>fix</u>no. En este caso es un mecánico con una llave muy <u>fix</u>na
Work	w<u>eo</u>*k	Funcionar	* Un ordenador que se pone a **funcionar** como una lavadora cuando se teclea hago en el <u>word</u>
Destroy	destrói	Estropear	* De tanto **estropear** algo, al final se puede llegar a <u>destruir</u>
Break	breik	Romper	* Veo **romper** una fina hoja de papel con una gran <u>broca</u> de taladrar
Cut	kat	Cortar	* **Cortar** con un <u>cutes</u> un kit <u>kat</u> de chocolate
Stick	stik	Pegar	* **Pegar** algo <u>esti</u>rando el bote de pegamento, pues apenas queda

CAPÍTULO 5

Sustantivos

Los sustantivos representan la parte más amplia del vocabulario. Son bastantes palabras, y aunque es importante conocerlas, la mayoría de ellas solamente se emplea en contadas ocasiones. Por esta razón, no es necesario que las memorices todas de entrada. Te recomiendo más bien que hagas un criterio de selección, de forma que será suficiente con que en las primeras vueltas adquieras soltura con las palabras que encabezan cada tabla (están escritas en mayúsculas y son las más importantes), y también con aquellas cuya asociación inverosímil te sea especialmente sugerente.

Documentation	dakiumentéishon	DOCUMENTACIÓN	* Es muy similar
Passport	pásport	Pasaporte	* Es muy similar
Police	polís	Policía	* Es muy similar
Customs	kaóstoms	Aduana	* Declarar en la **aduana** una moto estilo «custom» (choper)
Baggage	bágech	Equipaje	* Una persona muy vaga que va arrastrando su **equipaje**...
Suitcase	sútkeis	Maleta	* Una **maleta** voladora surca casas volando. Finalmente aterriza en su casa haciendo un gran surco...

Briefcase	brífkeis	Maletín	* ... para recoger a su hijo, el **maletín**, y llevarlo a jugar a la <u>brisca casa</u> de un amigo
Travel bag	trávl bá:<u>k</u>	Bolsa de viaje	* <u>Travel</u> = **viajar**, y <u>bag</u> = **bolsa**
Package	pákech	Paquete	* Es muy similar
Bag	bá:<u>k</u>	Bolso	* (Ver «equipaje»)... pero como es tan vaga, finalmente abandona su equipaje y se <u>vak</u> solo con el **bolso**
Laptop computer	láptop comp<u>íu</u>te*	Ordenador portátil	* Al **ordenador portátil** se pega una <u>lap</u>a que no para (<u>stop</u>) de jugar hasta que le entra <u>la tos</u>
Video camera	vídeo cám<u>e</u>ra	Cámara de vídeo	* Es muy similar
Camera	cám<u>e</u>ra	Cámara de fotos	* Es muy similar
Line	lá:in	Cola (Fila)	* Los de la **cola**, por favor, no pisen la <u>linea</u>
Control	k<u>eo</u>ntról	Control	* Es muy similar
Help	help	Ayuda	* En la ducha, un niño con <u>herpes</u> pide a su madre **ayuda** con el <u>gel</u>
Entrance	éntrens	Entrada	* Es muy similar
Exit	éxit	Salida	* Un artista **salido** (medio loco) sale a hombros por la **salida** tras el <u>éxito</u> de su función
Right	rait	Derecha	* **Derecha** es similar a de<u>right</u>a
Left	left	Izquierda	* Hay que estar <u>alefta</u> para no golpearse con una barra torcida (**izquierda**), sobre todo si eres **bizco y edá** avanzada tienes

Una barra torcida era el símbolo que usábamos en *Aprende un idioma en 7 días* para representar «izquierda», y una barra derecha nos valdría también para «derecha».

Airport	é*po*t	AEROPUERTO	* Es muy similar
Gate	géit	Puerta de embarque	* Un amable gato nos anuncia nuestra **puerta de embarque** mediante señales
Port	po:*t	Puerto	* Es muy similar
Train station	trein stéisheon	Estación de tren	* Es muy similar
Bus station	básteisheon	Estación de bus	* Es muy similar
Subway station	sábwei stéisheon	Estación de metro	* Es muy similar

Plane	plein	AVIÓN	* Un **avión** planea, por lo que es en sí, pleinamente, un aeroplano
Flight	flait	Vuelo	* En el **vuelo**, la azafata deja el carrito y flirtea con los pasajeros
Ship	shep	Barco	* Un **barco** vikingo con forma de chip. Sus finas patitas son los remos
Train	trein	Tren	* Es muy similar
Subway	sábwei	Metro	* El **metro** circula bajo (sub) el camino (way)
Streetcar	strítka:*	Tranvía	* El **tranvía** es un vagón (car) de calle (street)

Car (train)	ka:*	Vagón	* Un **vagón** con solo 2 ruedas traseras es arrastrado por un burro como si fuese un <u>carro</u>
Bus	bas	**Autobús**	* Es muy similar
Taxi	táxi	**Taxi**	* Es muy similar

Car	ka:*	COCHE	* Un **coche** muy <u>caro</u> conducido por una elegante o<u>ca</u>
Garage	gará:sh	**Garaje**	* Es muy similar
Motorcycle	móto*saikl	**Moto**	* Es muy similar
Bicycle	baísikl	**Bicicleta**	* Es muy similar
Freeway	frí<u>wei</u>	**Autopista**	* **Autopista** = libre (<u>free</u>) camino (<u>way</u>) para circular
Road	ro:ud	**Carretera**	* La **carretera** es una <u>ruta</u> para <u>rodar</u>
Way	we<u>i</u>	**Camino**	* Un **camino** polvoriento y bacheado no es nada <u>way</u>
Gas station	gásteis<u>heon</u>	**Gasolinera**	* Es muy similar

Stop	sto:p	PARADA	* Es conocido universalmente
Platform	plátfo*m	**Andén**	* El **andén** que veo es una <u>plataforma</u> de <u>plata</u>
Track	trak	**Vía**	* En medio de la **vía** del tren hay una <u>traca</u> de fuegos artificiales
Timetable	táimteibl	**Horario**	* El **horario** es en realidad el tiempo (<u>time</u>) puesto en una <u>tabla</u>
Ticket	tíket	**Billete**	* Ticket es una palabra usada internacionalmente

Seat	si:t	ASIENTO	* Un <u>seat</u> 600 con un enorme **asiento** en el centro, como si fuese un «Fórmula 1»
Class	kla:s	Clase	* Es muy similar
First class	fe*st kla:s	Preferente	* <u>Primera clase</u>
Second class	sékond kla:s	Turista	* <u>Segunda clase</u>
Cabin	káben	Camarote	* El **camarote** es una <u>cabina</u> de teléfono. Duermen ahí, pues está la **cama rota**

Hotel	ho<u>u</u>tél	HOTEL	* Es muy similar
Room	ru:m	Habitación	* Una **habitación** donde hay muchas vacas <u>rum</u>iando
Number	námb<u>e</u>*	Número	* Es muy similar
Key	ki:	Llave	* Cuando un gallo dice «<u>Ki</u> <u>ki</u> ri <u>ki</u>» expulsa 3 **llaves** (<u>ki</u>) por su pico
Elevator	éleveit<u>eo</u>*	Ascensor	* Es muy similar
Stairs	sté:rs	Escaleras	* Subir por unas **escaleras** con una gran <u>estera</u>
Floor	flo:*	Planta (piso)	* La **planta** de un edificio está llena de <u>flores</u>
Hallway	hálwe<u>i</u>	Pasillo	* El **pasillo** es el camino (<u>way</u>) del <u>hall</u>

Living room	lívin rum	SALÓN	* El **salón** es la habitación (<u>room</u>) donde se vive (<u>living</u>)
Furniture	fó*niti<u>u</u>*	Mueble	* Veo **muebles** culturistas muy <u>fornidos</u>

Sofa	sóufa	Sofá	* Es muy similar
Seat	si:t	Sillón	* El asiento central del <u>seat</u> 600 (ver «asiento», pág. 49) es en realidad un gran **sillón**
Chair	che:*	Silla	* Una **silla** baila el <u>cha</u> cha cha, y de un salto se va al <u>aire</u>
Table	téibl	Mesa	* Una vieja <u>tabla</u> pretendiendo ser una **mesa** lujosa
Rug	rag	Alfombra	* La **alfombra** voladora tiene enormes arr<u>u</u>gas. Estas son sus <u>ru</u>edas para aterrizar
Telephone	télefon	Teléfono	* Es muy similar
Television	télevish<u>eon</u>	Televisión	* Es muy similar
Radio	reídio	Radio	* Es muy similar
Remote control	rimót contról	Mando (a distancia)	* Es muy similar
Batteries	báteris	Pilas	* Es muy similar
Electricity	electrísiti	Electricidad	* Es muy similar
Lamp	l<u>ae</u>mp	Lámpara	* Es muy similar
Balcony	bálconi	Balcón	* Es muy similar
Sunlight	sánlait	Luz	* **Luz solar**: <u>Sun</u> = sol, y <u>light</u> = luz

Bedroom	bédrum	DORMITORIO	* <u>Bed</u> = cama, y <u>room</u> = habitación
Curtain	có*t<u>ae</u>n	Cortina	* Es muy similar

Closet	klaóset	**Armario**	* Un **armario** con forma de corset
Bed	be:d	**Cama**	* Una boda en una **cama**. Asisten muchas ovejas: vee
Sheet	shi:t	**Sábana**	* La veo a ella (she) cubierta con una **sábana**, como un fantasma
Blanket	blánket	**Manta**	* Un blanco oso polar tiene frío y se abriga con una blanca **manta**
Comforter	kómfo*te*	**Edredón**	* Un **edredón** muy confortable, con muelles

Bathroom	bázrum	**BAÑO**	* (Bath = baño, y room = habitación)
Sink	sink	**Lavabo**	* Visualicemos un **lavabo** sin grifo. El agua fluye milagrosamente
Shower	shawe*	**Ducha**	* De una **ducha** sale una soga en vez de agua
Soap	soup	**Jabón**	* Dar **jabón** a los fideos de una sopa para que entren mejor
Towel	táuel	**Toalla**	* Alguien desciende desde una torre mediante **toallas** empalmadas
Toilet paper	tóilet peipe*	**Papel higiénico**	* Es muy similar (toilet es aseo)
Tooth brush	tuz brash	**Cepillo dental**	* Cepillarse con el **cepillo dental** todos los dientes (diente = tooth), todos bruscamente
Tooth paste	tuz peist	**Pasta dental**	* Es muy similar: diente (tooth), y pasta (paste)

Kitchen	kíchen	COCINA	* En una **cocina** hay un cocinero muy <u>cachas</u>...
Stove	stó:<u>uf</u>	Cocina	* ... que arranca la **cocina** porque le e<u>storba</u>
Refrigerator	rifríllireit<u>eo</u>*	Frigorífico	* Es muy similar
Washing machine	wáshin mashín	Lavadora	* Es muy similar (<u>wash</u> = lavar)
Microwave	máicroweif	Microondas	* Es muy similar (<u>wave</u> = onda)
Dishwasher	díshwashe*	Lavavajillas	* (<u>Dish</u> = plato y <u>wash</u> = lavar)

Plate	pléit	PLATO	* Es muy similar. **Plato** también es <u>dish</u>: «Usar un <u>disco</u> como plato»
Serving dish	sérvin dish	Fuente	* Desde una **fuente** se <u>sirven</u> <u>disc</u>os en los platos. Estos giran y giran
Tray	tré<u>i</u>	Bandeja	* ¡<u>Trai</u> <u>tres</u> **bandejas**...!
Glass	gla:s	Vaso	* Un **vaso** extremadamente brillante (<u>glasé</u>)
Cup	c<u>a</u>p	Taza	* Una **taza** es el premio gordo del <u>cup</u>onazo de lotería. No contento, el agraciado propina un <u>cap</u>ón al lotero
Bottle	ba<u>ó</u>tl	Botella	* Una **botella** tiene un <u>bote</u> en su interior...
Can	k<u>ae</u>n	Bote	* ... y un <u>can</u> mago mordisquea el **bote** anterior sin romper la botella
Frying pan	fráin<u>k</u> p<u>ae</u>n	Sartén	* <u>Friendo pan</u> en una **sartén** de harina

| Pot | paot | Olla | * Alguien hecha la «pota» en una olla |
| Saucepan | sáuspaen | Cazo | * Al golpear con un cazo a un sauce, pan cae de sus ramas |

Silverware	sílvewe*	CUBIERTO	* Si falta un cubierto, lo mejor es, tras silvar, «warro», decir al camarero
Spoon	spun	Cuchara	* Una cuchara muy esponjosa
Fork	fo*k	Tenedor	* Un tenedor muy forklórico baila con una foca
Knife	naif	Cuchillo	* Cortar con un cuchillo la Tierra hasta llegar al NIFE (su centro)
Napkin	nápken	Servilleta	* Usar como servilleta un naipe
Toothpick	túzpek	Palillo	* Darle al tooth (diente) con un pico, como si fuese un palillo

Thing	zi:nk	COSA	* Una máquina de coser cosiendo una interminable cinta de zinc
Object	aóbllekt	Objeto	* Es muy similar
Machine	mashín	Máquina (aparato)	* Es muy similar.
Example	exémpl	Ejemplo	* Es muy similar

Country	kántri	PAÍS	* Los países vecinos siempre se hacen la contra ...
Nationality	nasheonáliti	Gentilicio	* Nacionalidad (Muy similar)
Language	lénguish	Idioma	* Lengua, lenguaje (Muy similar)

Border	bóde*	Frontera	* … si hay gente <u>borde</u> en la **frontera** (ver país)
Region	rílle<u>on</u>	Región	* Es muy similar
City	síti	Ciudad	* Es muy similar
Town	táun	Pueblo	* Imaginemos al <u>ton</u>to del **pueblo**
Barrio	bário	Barrio	* Es muy similar
Housing development	háusin<u>k</u> devélopment	Urbanización	* Una **urbanización** desarrolla (<u>development</u>) casas (<u>haus</u>) velozmente
House	haus	Casa Chalé	* Al salir de sus **casas**, los indios dicen «<u>Hau</u>»
Building	bíldin<u>k</u>	Edificio	* Un <u>bui</u>tre se lleva un **edificio** volando
Flat	flat	Piso	* Subir rápido por las escaleras al último **piso** puede dar <u>flato</u>
Apartment	apá*tment	Apartamento	* Es muy similar

Street	strit	CALLE	* Veo por la **calle** a mucha gente andando con <u>estrés</u>
Avenue	áven<u>iu</u>	Avenida	* Es muy similar
Square	skué:*	Plaza	* Jugar al <u>squash</u> en la **plaza** del pueblo
Cross	cross	Cruce	* Es muy similar
Corner	có*n<u>e</u>*	Esquina	* Un saque de **esquina** es un <u>corner</u>
Downtown	dáuntaun	Centro (de ciudad)	* Un <u>daltónico</u> no ve los semáforos del **centro de la ciudad**

Beginning	bigínin<u>k</u>	Principio	* Al **principio** del **precipicio** hay sujeta una <u>viga en</u> él para cruzarlo
Middle	midl	Mitad	* Es muy similar
End	end	Fin (Final)	* (The <u>end</u> = **fin**)
Park	pa*k	Parque	* Es muy similar
Garden	gá*den	Jardín	* El <u>guarda</u> del **jardín** se <u>guarda</u> para él todas las flores en el bolsillo
Fountain	faúntin	Fuente	* Es muy similar

Hospital	hóspit<u>ae</u>l	HOSPITAL	* Es muy similar
Ambulance	<u>ae</u>émbiula<u>ae</u>ns	Ambulancia	* Es muy similar
Pharmacy	fá*masi	Farmacia	* Es muy similar
Pill	pi:l	Pastilla	* Una **pastilla** es una <u>pí</u>ldora
Tranquilizer	tra<u>ae</u>énkilais<u>e</u>*	Calmante	* **Calmante** es lo mismo que <u>tranquilizante</u>
Antibiotic	antibaiótik	Antibiótico	* Es muy similar
Wound	wund	Herida	* ¡<u>Guou</u>! ¡Qué **herida** más grande te ha hecho ese <u>guau guau</u>. Ponte un <u>guante</u>
Band Aid	ba<u>ae</u>éndeid	Tirita	* Una **tirita** es una <u>banda</u> de ayuda (<u>Aid</u> = ayudar). Es necesaria si, tras tiritar de miedo, te ataca un <u>bandido</u>

Bandage	baéndish	Esparadrapo	* Atar las manos a los de la banda con esparadrapo
Cotton	cóteon	Algodón	* Hay mucho algodón en un coto de caza. Se usa para curar a los animales abatidos
Gauze	go:s	Gasa	* Una gasa pegada se quita mejor con una ganzúa
Injection	inlléksheon	Inyección	* Es muy similar
Cold	could	Constipado	* Para aliviar un constipado lo mejor es golpearse la nariz con un codo
Flu	flu:	Gripe	* Un griposo tragando varios tubos de dentífrico con flúor grapados entre sí.
Pain	péin	Dolor	* ¡Cuánto dolor! ¡Ay que pena! ¡Venga, peínate un poco y calla, Dolores!
Fever	fíve*	Fiebre	* Es muy similar
Allergy	aéle*lli	Alergia	* Es muy similar

Store, Shop	sto* shop	TIENDA (Comercio)	* En la tienda, un tendero cuenta una historia sobre chopos a sus clientes para que compren
Business	bísnes	Empresa	* Los jefes de empresa (empresarios) son los que viajan en clase business
Hypermarket	háipe*market	Hipermercado	* Es muy similar
Supermarket	súpe*market	Supermercado	* Es muy similar
Restaurant	résteorant	Restaurante	* Es muy similar

Cafeteria	cafetíria	**Cafetería**	* Es muy similar
Bakery	béik<u>i</u>ri	**Panadería**	* En una **panadería** venden <u>bacas</u> para el coche. Más parece una <u>baquería</u>
Watchmaker's shop	wátchmeik<u>e</u>*s shop	**Relojería**	* Un <u>bache marca</u> el acceso a una **relojería**, pues un cojo hace «tic-tac» al pasar por él. (<u>shop</u> = tienda)
Jeweler	llúl<u>e</u>*	**Joyería**	* En una **joyería**, las joyas deben estar en <u>jaulas</u> para que nadie se las «<u>jale</u>»
Shoe store	shústo*	**Zapatería**	* (<u>shoe</u> = zapato, y <u>store</u> = tienda)
Toy store	tóisto*	**Juguetería**	* Muchos nombres de **jugueterías** empiezan con la palabra «<u>toy</u>»
Boutique	butík	**Boutique**	* Es muy similar
Hair salon	hé* salón	**Peluquería**	* Una **peluquería** es un <u>salón</u> donde entran los que llevan mucho pelo al <u>aire</u>
Hardware store	há*dwe*sto*	**Ferretería**	* Vender <u>hardware</u> de ordenador en una **ferretería**
Garage	garásh	**Taller**	* Hay un **taller** mecánico en una plaza de <u>garaje</u>
Paper supply store	péip<u>e</u>* supláisto*	**Papelería**	* En una **papelería** la gente coge un montón de hojas de <u>papel</u> y <u>sopla</u> para separarlas
Post office	pó<u>u</u>stofis	**Correos**	* Es muy similar (<u>oficina postal</u>)
Agency	eíllensi	**Agencia**	* Es muy similar
Embassy	émb<u>ae</u>si	**Embajada**	* Es muy similar

Price	prais	PRECIO	* Es muy similar
Gift	gift	Regalo	* Haz este **regalo**: Un viejo <u>grifo</u> goteando, <u>ji ji ji</u>
Free	fri:	Gratis	* Esas personas tan **gratas** dan ahí **gratis** todo tipo de <u>freidurías</u>
Taxes	táxes	Impuestos (Tasas)	* Creo que los <u>taxis</u> estarán exentos de pagar **impuestos**

Bank	b<u>ae</u>nk	BANCO	* Es muy similar
Money	m<u>á</u>ni	Dinero	* El que tiene la <u>mano</u> más grande más **dinero** puede llevar
Euro	iuro<u>u</u>	Euro	* Es muy similar
Dollar	dóla*	Dólar	* Es muy similar
Bill	bi:l	Billete	* Es muy similar
Coin	cóin	Moneda	* <u>Caín</u> mató a Abel golpeándolo con una **moneda**
Credit card	crédit ca*d	Tarjeta de crédito	* Es muy similar
Automatic teller machine	áutomatic téll<u>e</u>* mashín	Cajero automático	* Un **cajero automático** de <u>tela</u> que es una <u>máquina</u> dando <u>tela</u> marinera

School	skú:l	ESCUELA	* Es muy similar
Academy	ac<u>aé</u>demi	Academia	* Es muy similar
High school	haísku:l	Instituto	* (<u>Alta escuela</u>)
University	iunivérsiti	Universidad	* Es muy similar

Bread	bred	PAN	* Veo brotar pan por todas partes
Pasta	pásta	Pasta	* Es muy similar
Soup	sup	Sopa	* Es muy similar
Potatoes	patéiteos	Patatas	* Es muy similar
Rice	rais	Arroz	* Produce mucha risa comer rizos de arroz sin reírse
Vegetables	vélltebls	Verdura	* Es muy similar
Salad	sálaed	Ensalada	* Es muy similar
Sauce	sao:s	Salsa	* Un sauce bailando salsa
Egg	e:k	Huevo	* Un huevo con mucho ego que se fríe solo
Starters	stá*te*s	Entrantes	* Estate quieto, que ya traen los entrantes
Flour	fláue*	Harina de trigo	* Un panadero cuece en su horno una flor hecha con harina
Salt	saolt	Sal	* Es muy similar
Menu	méniu	Menú	* Es muy similar

Meat	mit	CARNE	* Un delgaducho sin hambre solo se come la mitad de un filete de carne
Chicken	chíkaen	Pollo	* Un presumido pollo muy chico masca chicle para atraer a las gallinas

Veal	vi:l	Ternera	* Un filete de **ternera** muy <u>vil</u> del que salen cuernos. Salta del plato y queda en <u>vilo</u> en el aire. ¿Atacará?
Pork	po*k	**Cerdo**	* Un **cerdo** muy <u>puerco</u> <u>porque</u> no se lava
Sirloin	sírloin	**Solomillo**	* El **solomillo** es el «<u>sir</u> de las <u>lon</u>chas» (el señor de las lonchas de carne)
«Rare»	re:*	**«Poco hecho»**	* Unas <u>ratas</u> muy <u>raras</u> comiéndose un filete sangriento (**poco hecho**)
«Well done»	wél don	**«Muy hecho»**	* <u>Well</u> = **bien,** y <u>done</u> es el participio del verbo hacer: **hecho**

Fish	fish	PESCADO	* Alguien se produce una <u>fís</u>tula con las espinas del **pescado**
Fried	frá:id	**Frito**	* Es muy similar
Baked	béikt	**Asado**	* Veo hacer un **asado** en la <u>baca</u> de un coche (parece una parrilla)
Breaded	bre<u>á</u>did	**Rebozado**	* (<u>bread</u> = pan) Los **rebozados** son de pan

Dessert	desé*t	POSTRE	* Tomar un jugoso **postre** de frutas en el <u>desierto</u>
Fruit	fru:t	**Fruta**	* Es muy similar
Orange	ór<u>ae</u>nsh	**Naranja**	* Es muy similar
Banana	b<u>ae</u>n<u>aé</u>na	**Plátano**	* Plátano = banana

Melon	mélon	Melón	* Es muy similar
Pear	pe:*	Pera	* Es muy similar
Apple	ápel	Manzana	* ¡Aplícale un insecticida al gusano de la **manzana**, hombre!
Strawberry	straóberi	Fresa	* Las **fresas** se mezclan con nata mediante una extraña barra
Yogurt	llógu*t	Yogur	* Es muy similar
Cake	kéik	Tarta, Pastel	* Veo expulsar **tartas** y **pasteles** de chocolate mientras se hace caca
Chocolate	chókolet	Chocolate	* Es muy similar
Lemon	lémen	Limón	* Es muy similar
Ice cream	aíscrim	Helado	* En vez de una bandera vemos izar crema **helada**

Coffee	kófi	CAFÉ	* Es muy similar
Tea	ti:	Té	* Es muy similar
Milk	milk	Leche	* ¿Conoces el cuento de «las milk y una **leches**»? ¿O era noches»?
Sugar	shúgae*	Azúcar	* Echar terrones de **azúcar** sujetos mediante una soga
Saccharin	sákerin	Sacarina	* Es muy similar
Water	wáte*	Agua	* Al **water** se va a usar o a soltar agua

Wine	wá:in	Vino	* Es muy similar
Beer	bíae*	Cerveza	* Al beber tanta **cerveza** no pudo <u>veer</u> bien y cayó en la <u>vía</u> del tren
Alcohol	a<u>él</u>cohol	Alcohol	* Es muy similar

Nature	néitch<u>e</u>*	NATURALEZA	* Es muy similar
Sea	si:	Mar	* Veo surcar el **mar** a un <u>seat</u> 600 conducido por una <u>si</u>rena
Beach	bich	Playa	* En la **playa** hay medusas y todo tipo de <u>bich</u>os. También hay <u>bach</u>es
River	rív<u>e</u>*	Río	* <u>Robar</u> la <u>river</u>a de un **río**
Shore	sho*	Orilla	* E<u>s hora</u> de un pequeño baño, luego es la **orilla** de un bañillo
Lake	léik	Lago	* Un **lago** de <u>laca</u> en vez de agua. Sus olas están inmóviles
Mountain	máunten	Montaña	* Es muy similar
Forest	fórest	Bosque	* <u>Forrest</u> Gump es un guarda <u>forest</u>al del **bosque**
Tree	tri:	Árbol	* Los <u>tres</u> mosqueteros usando **árboles** en vez de espadas
Country	kántri	Campo	* En el **campo** oígo <u>cantar</u> a los pájaros. Hacen tanto ruido que no dejan hablar, al <u>contrario</u> que ellos
Exercise	éxersais	Ejercicio	* Es muy similar
Sport	spó*t	Deporte	* Es muy similar

Paper	péipe*	PAPEL	* Es muy similar
Letter	léte*	Carta	* Una **carta** con <u>letras</u> gigantescas
Sheet	shi:t	Folio	* Un viejo paquete de **folios** mohoso y lleno de <u>setas</u>
Envelope	énvelop	Sobre	* Una mujer cartero <u>en velo</u> permanente (musulmana), apila los **sobres** del buzón **sobre** <u>el velo</u>
Stamp	stáemp	Sello	* Los **sellos** son <u>estampas</u> que se <u>estampan</u> en el sobre
Book	buk	Libro	* Un <u>buc</u>anero leyendo un **libro** y pasando las hojas con su garfio
Notebook	nótbuk	Libreta	* Libro de notas (<u>note</u> + <u>book</u>)
Newspaper	níuspeipe*	Periódico	* <u>News</u> (noticia) + <u>paper</u> (papel)
News	niu:s	Noticia	* Las **noticias** de Tv presentadas por un <u>neum</u>ático muy <u>nuevo</u>
Warning	waó*nink	Aviso	* **Aviso**: «<u>Guarr</u>os <u>en</u> la calle»
Magazine	mágasin	Revista	* Aburrida, una <u>maga</u> en el <u>cine</u> está leyendo una **revista**
Pen	pen	Bolígrafo	* Un **bolígrafo** llorando tinta de <u>pena</u>
Pencil	pénsil	Lápiz	* Coge el **lápiz** y <u>piensa</u> antes de escribir

Man	m<u>ae</u>:n	HOMBRE	* Super<u>mán</u> = Súper **hombre**
Woman	wóman	Mujer	* Una linda **mujer** de <u>goma</u> haciendo gimnasia.

Guy	gá:i	Chico	* Cada vez más **chicos** intentan ser <u>gays</u>
Girl	<u>geo</u>*l	Chica, niña	* Una **niña** muy **chica** que está comiéndose un bote de <u>gel</u>
Boy	bói	Niño	* <u>Boy</u> es el nombre del **niño** que encontró Tarzán en la selva
Elderly man	élde*li <u>mae</u>:n	Anciano	* <u>Elderly</u> = viejo, porque, aunque parezca joven por detrás, <u>al darle</u> la vuelta es un hombre **anciano**
Elderly woman	élde*li wóman	Anciana	* Ídem (man = hombre, y woman = mujer)
Baby	béibi	Bebé	* Es muy similar
Husband	hásb<u>ae</u>nd	Esposo	* El **esposo**, que es un <u>hula</u>y y un <u>band</u>ido...
Wife	waif	Esposa	* ... **esposa** a su <u>way</u> **esposa**

Friend	frend	AMIGO	* Dos buenos **amigos** que se saludan con la <u>frente</u>
Father	fád<u>e</u>*	Padre	* El **padre** se en<u>fada</u> con su hijo, porque... (Ver hijo)
Mother	mád<u>e</u>*	Madre	* Es muy similar
Son	s<u>ao</u>n	Hijo	* ... cuando el **hijo** hace un <u>son</u>ido...
Daughter	dót<u>e</u>*	Hija	* ... su gran <u>dogo</u> lame a su pequeña **hija**
Brother	bród<u>e</u>*	Hermano	* El **hermano** coge mucha <u>broza</u>, y como es <u>borde</u>...
Sister	síst<u>e</u>*	Hermana	* ... idea un <u>siste</u>ma para despertar de la <u>siesta</u> a su **hermana**

Work	weo*k	TRABAJO	* Una gigantesca página web da mucho **trabajo** en el word
Profession	profésheon	**Profesión**	* Es muy similar
Student	stiúdent	**Estudiante**	* Es muy similar
Professor	proféso*	**Profesor**	* Es muy similar
Teacher	tíche*	**Maestro**	* Un **maestro** de matemáticas que no para de tachar los ejercicios de sus alumnos (todos están mal)
Doctor	dócto*	**Médico**	* Un **médico** es un doctor
Nurse	neo*s	**Enfermera**	* No sé, es una **enfermera** muy cursi que no sabe hacer nada
President	président	**Presidente**	* Es muy similar
Director	dirécto*	**Director**	* Es muy similar
Manager	mánage*	**Encargado**	* El manager **encargado** de un camarero piensa que dicho camarero se ha cagado...
Employee	emplólli	**Empleado**	* Es muy similar
Waiter	wéite*	**Camarero**	* ... porque el **camarero** tenía diarrea y no sale del wáter. (Ver encargado)
Secretary	sécreteri	**Secretario**	* Es muy similar
Freelance worker	frílans wó*ke*	**Autónomo**	* El **auto** de un **nomo** que va al trabajo (work) lleva una fea lanza como palanca de marchas
Tourist	túrist	**Turista**	* Es muy similar

Minister	míniste*	Ministro	* Es muy similar
Judge	llagch	Juez	* Es muy similar

Idea	aidía	IDEA	* Es muy similar
Truth	t*uz	Verdad	* Si es **verdad** es porque no existe ningún truco
Party (political)	pá*ti	Partido	* Es muy similar
Politics	peólitiks	Política	* Es muy similar
Custom	keóstom	Costumbre	* Es muy similar
Religion	rilíllen	Religión	* Es muy similar

Name	néim	NOMBRE	* Es muy similar
Last name	last néim	Apellido	* Last = último
Person	pérseon	Persona	* Es muy similar
People	pípol	Gente	* Veo a mucha **gente** comiendo pipas
Society	sosáiti	Sociedad	* Es muy similar

Clothes	clóuds	ROPA	* La **ropa** tendida y recién limpia se cae a una cloaca
Size	sá:is	Talla	* Seis **tallas** distintas usaban los enanitos. ¿O eran siete?

Coat	coᴜt	Abrigo	* Un **abrigo** cazando en un <u>coto</u>
Suit	sut	Traje	* Un **traje** muy elegante entra andando en la <u>suit</u> de un hotel
Jacket	lláket	Chaqueta	* Una pequeña **chaqueta** es un <u>jockey</u>
Sweater	suét<u>e</u>*	Jersey	* Un **jersey** es conocido también con el nombre de «<u>suéter</u>»
Shirt	sh<u>eo</u>*t	Camisa	* Veo a la mona <u>Chita</u> vestida con una blanca **camisa**
Tee-shirt	tísh<u>eo</u>*t	Camiseta	* De la **camiseta** brotan **setas** que suben hasta el <u>te-cho</u>
Tie	tá:i	Corbata	* La **corbata** de un caballero es una bolsita de <u>té</u>
Blouse	blaus	Blusa	* Es muy similar
Bra	bra:	Sujetador	* Un **sujetador** hecho de <u>bra</u>sas
Pants, Trousers	p<u>ae</u>nts traúse*s	Pantalones	* Es muy similar. Unos **pantalones** hechos con <u>trozos</u> de tela distintos
Skirt	ské*t	Falda	* Una e<u>ski</u>adora con una gran **falda** bajando por una montaña
Belt	belt	Cinturón	* Una persona se hace es <u>belt</u>a a costa de apretarse su **cinturón**
Underwear	ánde*we*	Slips	* «<u>Under</u>» = bajo, y «<u>wear</u>» = ropa
Panties	pántis	Bragas	* Unas largas **bragas** que hacen de <u>panties</u>
Stockings	stókinks	Medias	* <u>Tos quieren</u> (todos quieren) tocar las **medias** de una vedette
Socks	s<u>ao</u>ks	Calcetines	* El matemático <u>Só</u>crates hallando el área de unos **calcetines**

Shoes	shu:s	**Zapatos**	* Un <u>show</u> de **zapatos** bailarines
Boots	bu:ts	**Botas**	* Es muy similar
Scarf	scá*f	**Bufanda**	* Una **bufanda** de perlas <u>es cara</u>
Hat	ha:t	**Gorro**	* Una persona se <u>ata</u> su **gorro** para que no se lo lleve el viento.
Gloves	glovs	**Guantes**	* Un enorme <u>globo</u> con forma de **guantes**. Parece 5 globos
Bathing suit	béidin<u>k</u> sut	**Bañador**	* <u>Bañar se</u> en la enorme bañera de una <u>suit</u> con un **bañador**
Bikini	bikíni	**Bikini**	* Es lo mismo
Umbrella	ambréla	**Paraguas**	* Un **paraguas** con mucha <u>hambre</u> se cierra y se come el <u>hombro</u> del <u>hombre la</u>so que lo sostiene
Glasses	gláses	**Gafas**	* Unas **gafas** cuyos cristales son dos vasos (<u>glases</u>)

Cloth	cl<u>ao</u>z	**TELA**	* Un caballo sastre corta la **tela** de una <u>coz</u> (ver también «ropa»)
Silk	silk	**Seda**	* Mientras come, un gusano de **seda** no para de decir <u>sí</u> <u>c</u>on su cabeza
Wool	wu<u>ol</u>	**Lana**	* Con su cuerpo **lanoso**, una oveja delantera mete un gran <u>gool</u>
Rag	r<u>ae</u>g	**Trapo**	* Un durísimo **trapo** que no se puede <u>rasgar</u>

Material	matírial	MATERIAL	* Es muy similar
Plastic	plástic	Plástico	* Es muy similar
Cardboard	cá*dbo*d	Cartón	* Un gran <u>cabo</u> sujetando un barquito de **cartón**
Metal	métal	Metal	* Es muy similar
Wood	wu<u>o</u>d	Madera	* Veo a un <u>god</u>o muy primitivo armado con un tronco de **madera**
Natural	náti<u>u</u>ral	Natural	* Es muy similar

Time	táim	TIEMPO (paso del)	* Es muy similar
History	hístori	Historia	* Es muy similar
Date	déit	Fecha	* Todas las **fechas** <u>datan</u> de...
Age	éich	Edad	* Un abuelo de mucha **edad** <u>eich</u>a al fuego sus muchas <u>ag</u>endas
Year	llí<u>ae</u>*	Año	* Un almanaque (**año**) sirve para tapar el <u>hoyo</u> de la pared que se hizo <u>ayer</u>
Day	dé<u>i</u>	Día	* Es muy similar
Hour	áwoa*	Hora	* Es muy similar
Minute	me<u>í</u>nit	Minuto	* Es muy similar
Second	s<u>áe</u>cond	Segundo	* Es muy similar

Schedule	skédiul	Horario	* Veo **orar** a un <u>incrédulo</u>. Por eso le dedica más tiempo, todo su **horario**
Clock	clok	Reloj	* Al ir a dormir <u>coloco</u> el **reloj** en la mesilla, y cuando suena me vuelvo <u>loco</u>

Today	tudéi	HOY	* **Hoy** ha venido <u>toda</u> la gente (Day = Día)
Yesterday	lléste*dei	Ayer	* <u>Ya esta</u>mos. No empieces otra vez como **ayer**...
Tomorrow	tumórrou	Mañana	* ... pues si no, **mañana** tendrás <u>tus morros</u> caídos
The day after tomorrow	de déi áfte* tumórrou	Pasado mañana	* Literalmente es: «El día después de mañana»
Morning	mó:nink	Mañana (del día)	* Por la **mañana** temprano sale un <u>mono</u> a trabajar. Va al zoo, a alimentar a los humanos
Afternoon	afte*nún	Tarde	* Por la **tarde** hay que salir sin más **tardar** a <u>alternar, ¿no</u>?
Night	náit	Noche	* De **noche** aún parece más de **noche** en un <u>nicho</u> del cementerio

Week	wik	SEMANA	* Los 7 enanitos beben en la fuente de la que **emanan** <u>webos</u> <u>wecos</u>
Weekend	wíkaend	Fin de semana	* Semana (<u>week</u>) + fin (<u>end</u>)
Holiday	heólidei	Día festivo	* (Ver fiesta)
Monday	mándei	Lunes	* La **Luna** <u>mon</u>dando pipas. (El final común «day» podemos suprimirlo)

Tuesday	tíusdei	Martes	* Tú es tás con una gran **mata** de pelo en **Marte**
Wednesday	wénsdei	Miércoles	* En un **mi cole** todos los niños tienen la cabeza vendada
Thursday	zeórsdei	Jueves	* Un zurdo pegando grandes puñetazos al gran planeta **Júpiter**
Friday	fráidei	Viernes	* La **Venus** perdió los brazos en la cocina haciendo freidurías
Saturday	sátu*dei	Sábado	* Los **sábados** por la noche la gente sa turde bebiendo de más
Sunday	sándei	Domingo	* Los **domingueros** se van a tomar el sol (sun) a la playa

Month	monz	MES	* Es muy similar
January	llaéniueri	Enero	* Es muy similar
February	fébiueri	Febrero	* Es muy similar
March	ma*ch	Marzo	* Es muy similar
April	eíprel	Abril	* Es muy similar
May	mé:i	Mayo	* Es muy similar
June	llu:n	Junio	* Es muy similar
July	llulá:i	Julio	* Es muy similar
August	ágeost	Agosto	* Es muy similar
September	septémbe*	Septiembre	* Es muy similar

October	aoctóbe*	Octubre	* Es muy similar
November	novémbe*	Noviembre	* Es muy similar
December	disémbe*	Diciembre	* Es muy similar

Meter	míte*	METRO	* Es muy similar
Kilometer	kilómete*	Kilómetro	* Es muy similar
Kilo	kílo	Kilo	* Es muy similar
Ton	teon	Tonelada	* Es muy similar

Weather	wéde*	TIEMPO (Clima)	* «Wate», fíjate qué tomate vamos a formar ahora con el tiempo...
Summer	saóme*	Verano	* ... en verano todo el mundo se asoma por la ventana ..
Sun	saon	Sol	* ... para ver al Sol, el cual aparece radiante como un santo...
Heat	hit	Calor	* ... pero aunque al final la gente de tanto calor se harte...
Winter	wínte*	Invierno	* ... hasta el invierno todos tendrán que poner a prueba su aguante...
Cold	cóuld	Frío	* ... Si este es muy frío, tendrás que resguardarte apretando los codos contra la cabeza...
Christmas	crístmaes	Navidad	* ... hasta pasar la Navidad ¡Pero cuidado, no te rompas la crisma de tanto apretar!...

Snow	snóu	Nieve	* ... y más si te gusta la **nieve**, pues no podrías en dichas fiestas esquiar
Rain	réin	Llover	* Vemos **llover** ranas (como una plaga)
Spring	sprín	Primavera	* La sprinter más rápida es la que llega **primera** (gana ramos de flores)
Autumn	aótom	Otoño	* Es muy similar
Air	e:*	Aire	* Es muy similar

Holiday	heólidei	FIESTA	* Una **fiesta** de hologramas en un pequeño hall (day = día)
Vacation	vekéisheon	Vacaciones	* Es muy similar
Trip	trip	Viaje	* Una tropa de tripones hacen un **viaje** trepando por una montaña
Excursion	excú*shieon	Excursión	* Es muy similar
Music	míusec	Música	* Es muy similar
Noise	nóis	Ruido	* No se, creo que lo más **ruidoso** es oír cascar nueces. ¿No oís?

Body	baódi	CUERPO	* Una boda entre miembros del **Cuerpo** de bomberos
Head	he:d	Cabeza	* Un hada con headqueca o dolor de **cabeza**
Face	féis	Cara	* **cara** = faz. Una **cara** fea

Eye	á:i	Ojo	* Un persona tiene unos **ojos** saltones, tan largos que parece una «LL» tumbada
Ear	í:<u>ae</u>*	Oído	* Al gritarle a un caballo al **oído**, este relincha: <u>iiiaa</u>
Nose	nóus	Nariz	* Una persona resfriada que no para de hacer ruido (<u>noise</u>) con su **nariz**
Mouth	máuz	Boca	* Un hipopótamo conduciendo su <u>moto</u> con la **boca** mientras come <u>maíz</u>
Tooth	tu:z	Diente	* Tienes que cepillarte bien <u>toodos</u> <u>tuz</u> **diente**s
Molar	mól<u>ae</u>*	Muela	* Es muy similar
Throat	zró<u>u</u>t	Garganta	* Alguien con la **garganta** <u>rota</u> de gritar por los <u>azotes</u> y que <u>trota</u> por el dolor
Chest	chest	Pecho	* Un hombre se ríe demasiado con un <u>chiste</u> y sufre una angina de **pecho**
Back	ba:k	Espalda	* Llevar a una <u>vac</u>a cargada en la **espalda**
Heart	h<u>eo</u>:*t	Corazón	* Poner el oído (<u>ear</u> en inglés) para escuchar los latidos del **corazón**
Liver	lív<u>e</u>*	Hígado	* Al sufrir un puñetazo en el **hígado**, un boxeador expulsa una <u>liebre</u> por la boca
Kidney	kídni	Riñón	* Un travieso niño (<u>kid</u>) le quiere robar el **riñón** a otro. Ambos **riñen** por él
Blood	blo:d	Sangre	* Un <u>bloc</u> escrito con **sangre**
Stomach	stóm<u>ae</u>k	Estómago	* Es muy similar

Arm	a:*m	Brazo	* Un borracho apunta con un arma a un armario y le dice: «Arriba los **brazos**»
Elbow	élbou	**Codo**	* Un gigante dando codazos con el **codo** a los árboles del bosque
Wrist	wrist	**Muñeca**	* Una sádica niña corta la **muñeca** de su **muñeca** con un cristal gris
Hand	haend	**Mano**	* Alguien que se pone a andar en perfecto equilibrio sobre una sola **mano**
Finger	fínge*	**Dedo**	* El **dedo** esá lleno de finas falanges
Leg	lek	**Pierna**	* El legado de un pirata es su **pierna** buena
Knee	ni:	**Rodilla**	* Veo una **rodilla** llena de karne
Ankle	énkl	**Tobillo**	* Un marinero enclenque se hace un esguince en el **tobillo** al pisar un ancla
Foot	fut	**Pie**	* fút bol = balón **pie**
Weight	wéit	**Peso**	* ¡Qué way», he perdido **peso**!
Height	háit	**Estatura**	* Esa **estatua** de gran **estatura** que tiene forma de 8 (eight), es la de un muñeco de nieve

Animal	aénimael	**ANIMAL**	* Es igual
Dog	daok	**Perro**	* Un gran **perro** dogo drogándose
Cat	cat	**Gato**	* Un **gato** en una cata de ratones

Horse	ho*s	Caballo	* María montaba un asno, y José iba estirado con un corsé en un caballo
Donkey	dónki	Asno	* Un asno muy elegante, que tiene «Don», tiene dos crías
Cow	cá:o	Vaca	* Un cowboy montando una vaca lechera
Ox	aox	Buey	* Un buey está labrando, y para protegerse del polvo lleva una máscara de oxígeno
Sheep	shi:p	Oveja	* Una oveja con una gran chepa de lana
Hen	hen	Gallina	* Una gallina deja en un instante el heno lleno de huevos, parece una metralleta

CAPÍTULO 6

Adjetivos

Good	gud	BUENO	* Un rey <u>godo</u> muy **bueno**, orando. Podemos ver así en fila a todos los reyes godos
Bad	ba:d	Malo	* Un diablillo muy **malo** pinchando a los novios en un <u>boda</u>
Ok	ókei	Regular	* Alguien se pone a **regular** el dial de su transistor hasta encontrar una emisora <u>Ok</u>
Better	bét<u>e</u>*	Mejor	* El **mejor** piloto le dice al perdedor desde el podio: «<u>Vete</u> al <u>wáter</u> a...», despreciándolo...
Worse	wo*s	Peor	* ... pero el **peor** piloto, duchado con el champán, se lo toma a <u>guasa</u> y le dice «iros <u>vos</u>»

Greater	gréit<u>e</u>*	MAYOR	* Un abuelo muy **mayor**, <u>grita</u> abierto de piernas en el <u>cráter</u> de un volcán...
Lesser	lés<u>e</u>*	Menor	* ... pero su alumno **menor** se <u>lessiona</u> al intentar abrirse, pues él se abre **menos**
Large	la:*ch	Grande	* Un árbol muy **grande** y <u>largo</u> se <u>larga</u> andando hasta un <u>lago</u>

Small	smaó:l	Pequeño	* Un **pequeño** poni que es malo y tira a un niño cada vez que se sube en él
Superior	supírieo*	**Superior**	* Es igual
Inferior	infírieo*	**Inferior**	* Es igual

Pretty	príti	BONITO	* Un **bonito** (pescado) muy **bonito** está muy apretado en su lata de conservas
Beautiful	biútifoul	**Bello**	* La **bella** durmiente ve un tifón y sigue durmiendo como si nada
Good-looking	gúdlukin	**Guapo**	* Good = bueno, y look = mirar. Qué bueno es mirar a alguien **guapo**
Ugly	ágli	**Feo**	* Una bruja muy **fea** revolotea con su escoba por una iglesia. Es muy ágil

Clean	clin	LIMPIO	* En las películas del Oeste, Clint Eastwood se **limpia** a todos
Dirty	dé*ti	**Sucio**	* A un minero muy **sucio** le dices que se aleje de ti
Hot	haot	**Caliente**	* Alguien prueba un caldo muy **caliente**. Al quemarse, levanta los brazos y se pone a bailar una jota
Cold	cóuld	**Frío**	* Un **frío** pistolero dispara su colt en el Polo Norte contra **fríos** cubitos de hielo
Cheap	chip	**Barato**	* El viejo chip de chapa de ese de la chepa es muy **barato**

Expensive	expénsif	Caro	* Ante algo muy **caro** nos quedamos <u>pensativos</u>, y si lo compramos lo hacemos a <u>expensas</u> de los demás
Full	fu:l	**Lleno**	* Un jugador de póquer **llena** sus manos de monedas tras obtener un <u>full</u>
Empty	émpti	**Vacío**	* <u>En part</u>idas de cartas donde hay un <u>empate</u>, se reparten las apuestas y la mesa se queda **vacía** de fichas

Smart	smá*t	**LISTO**	* Un empollón muy **listo** <u>se mata</u> a estudiar: los lune<u>s, martes</u>, ...
Dumb	dam	**Tonto**	* <u>Dumb</u>o es **tonto**. Dice a la <u>dam</u>a que puede volar con sus orejas
Intelligent	intélillent	**Inteligente**	* Es muy similar
Stupid	stúpid	**Estúpido**	* Es muy similar
Capable	kéip<u>a</u>bl	**Capaz**	* Supermán es **capaz** de volar con su <u>capa</u> como un ave **rapaz**
Sure	s<u>iu</u>*	**Seguro**	* Es muy similar
Interesting	ínt<u>e</u>resting	**Interesante**	* Es muy similar
Easy	ísi	**Fácil**	* Esta palabra <u>e así</u> de **fácil**
Difficult	díf<u>icou</u>lt	**Difícil**	* Es muy similar

Free	fri	LIBRE	* Una liebre **libre** comiendo fre̲sas con nata
Busy	bísi	Ocupado	* Un **ocupa** andaluz ha **ocupado** el bu̲s con su bi̲si de carreras
Alone	aló̲u̲n	Solo	* Un naúfrago está **solo** en una isla comiéndose una sabrosa ala̲ de pollo tumbado en una̲ lo̲na
Accompanied	acómpani:d	Acompañado	* Es muy similar
Fastened	fásent	Sujeto	* Un fai̲sán **sujeto** mediante una cadena

Young	llan̲k	JOVEN	* Veo al **joven** lla̲nero solitario en una inmensa lla̲nura
Old	ou̲ld	Viejo	* Un mueble de or̲o muy **viejo**
Tall	ta̲o̲:l	Alto	* Un jugador de baloncesto muy **alto**, de una enorme tall̲a, que coge to̲ l̲os balones
Short	sho*t	Bajo	* Un sho̲w de enanos tan **bajos** que apenas se pueden ver
Strong	stróng	Fuerte	* Un culturista tan **fuerte** que al tensar su bíceps produce un estruendo̲
Weak	wik	Flojo	* La torre Eiffel está **floja**. Le tiemblan las patas y se dobla. Parece decir «wi̲» («Oui»)
Sick	se̲ik	Enfermo	* Pues sí̲ que está **enfermo**, se̲ queja con razón
Healthy	hélzi	Sano	* Para tener una boca muy **sana**, hay que cepillarse los dientes con un ge̲l c̲ientífico

Thin	zin	FINO	* Una loncha de jamón se debe cortar más **fina** que una cinta de casete
Slim	slim	Delgado	* Ese tan **delgado** come como una lima para que no se le caigan los slips
Fat	fat	Gordo	* Un hombre muy **gordo** al que le fata pantalones
Thick	zik	Grueso	* Un ticket de papel era en la prehistoria un **hueso** muy **grueso**
Hard	ha*d	Duro	* Oliver Hardy («el Gordo») se recorta su silueta con un **duro** diamante
Soft	saoft	Blando	* Todo el software de un ordenador es de **blanda** plastilina
Resistant	risístent	Resistente	* Es muy similar

Pleasant	plésent	AGRADABLE	* Ser **agradable** es muy placentero para los demás
Nice	náis	Simpático	* Un **simpático** pato **sin patas** intenta nadar en Niza
Funny	fáni	Gracioso	* Un payaso tan **gracioso** que tiene muchos fans, pero a otros ni fu ni fa
Polite	poláit	Educado	* Para hacer que tu perro sea muy **educado**, usa el palito de un polo

Happy	hápi	ALEGRE Feliz	* Un pajarito hippy piando muy **alegre** y **feliz**
Sad	sa:d	Triste	* Un sádico niño está muy **triste** tras romper a propósito su juguete

Content	contént	Contento	* Es muy similar
Tired	taí*ed	Cansado	* Alguien muy **cansado** tirado en el suelo

Color	cólo*	COLOR	* Es muy similar
White	wait	Blanco	* Un diente está guai si es **blanco**
Black	blak	Negro	* Un boxeador **negro** campeón de black-Jack. Gana siempre porque el croupier le teme
Blue	blu	Azul	* Un policía, cuya vestimenta es una blusa **azul**, está **azu**zando el tráfico
Red	*ed	Rojo	* Una red que, en vez de peces, está llena de **rojos** tomates
Green	grin	Verde	* Un green de golf es **verde**, y las pelotitas de golf son **verdes** sandías
Yellow	llélou	Amarillo	* Dos **amarillos** limones se estrujan saludándose: «hello». ¡Qué exagerados!
Brown	braun	Marrón	* Tras golpearlo en la cabeza con un tronco de madera **marrón** dice: «¡Si era una broma!»

CAPÍTULO 7

Adverbios

Yes	Iles	**SÍ**	* Todo el mundo lo sabe
Always	a<u>ó</u>lweis	**Siempre**	* Una **siembra** de <u>algas</u>
Also	álso	**También**	* **También** toca el **tambor**. Lo hace <u>Al son</u> de la música
Clear	clí<u>ea</u>*	**Claro**	* Es muy similar
Exact	exáct	**Exacto**	* Es muy similar
True	t*u:	**Cierto**	* Un **ciervo** mago haciendo tru<u>c</u>os con las cartas
Fair	f<u>e</u>:*	**Justo**	* Una **juez** del Medievo muy <u>fea</u> (parece una bruja) golpea con su escoba para poner orden y ser **justa**
The same	d<u>e</u> séim	**Igual**	* «The same», literalmente es «lo mismo», muy similar a **igual**

No	no<u>u</u>	**NO**	* Es igual
Never	név<u>e</u>*	**Nunca**	* Veo <u>nevar</u> **nucas** en vez de copitos
Either	íd<u>e</u>*	**Tampoco**	* ¡Es **tan poca** cosa! ¡A ver si se le ocurre una <u>idea</u> mejor a **tu Paco**!

False	fals	Falso	* Es muy similar
Unfair	anfé*	Injusto	* «No justo». «Fair = justo»
Different	díferent	Distinto	* Es muy similar

Maybe	méibi	QUIZÁS	* A un gallo magrebí que no para de hacer Qui qui ri **quí, zas**, le damos una colleja para que se calle
It depends	itdepénds	Depende	* Es muy similar
Sometimes	saómtaims	A veces	* «Some» + «times»
If	if	Si	* La emperatriz **Si**si pilotando un ufo (ovni)

Well	wel	BIEN	* Veo a un ángel del **bien**. Como todos lo llaman, no para de darse la welta
Bad	ba:d	Mal	* (mal = malo). Un diablillo del **mal** pinchando a los novios en un boda
Like this	laikidís	Así	* Significa «como esto», «de este modo»
Like	láik	Como	* Me **como** para adelgazar un liquen del tamaño de un de comino. Es muy laik

Very	vé*i	MUY	* Una vaca **muy** gorda que mu**ge** al <u>verte</u>, pero es <u>ver y</u> topar acto seguido
A lot	a <u>lao</u>:t	Mucho	* Se puede ganar **mucho** dinero en <u>la lote</u>ría
A little	a <u>lí</u>tel	Poco	* Si tienes **poco** espacio, pon una <u>lite</u>ra
Enough	inóf	Bastante	* El torturado: «**basta**», «ya es **bastante**», pero el verdugo le hace comer más <u>eno</u>
All	<u>ao</u>:l	Todo(s)	* **Todos** esos nadadores son increíblemente <u>al</u>tos
Nothing	na<u>ó</u>zink	Nada	* «<u>No thing</u>» equivale literalmente a «no cosa», o sea, a «**nada**»
Too much	túmach	Demasiado	* Al sobrar asado (es **demás asado**), el anfitrión lo acerca al invitado: «<u>toma</u>», y este piensa: «E<u>sto marcha</u>»
Almost	álmo<u>ust</u>	Casi	* Unas <u>almas</u> que son novias y ya están **casi cas**adas
More	mo:*	Más	* La **mas**a no para de comer **más** y **más** <u>mora</u>s. Pero al comerlas...
Less	less	Menos	* ... se transforma en el doctor Banner (es **menos** cosa). Ahora, inflado de comer, el doctor se tumba en top-<u>less</u>
Only	ónli	Solamente	* **Solo una mente** (un cerebro) hay <u>en la</u> nevera para comer
Some	s<u>ao</u>m	Alguno	* **Algunas alg**as del mar se a<u>soman</u> saltando del agua como delfines
None	na<u>on</u>	Ninguno	* A una ninfa <u>no</u>. **Ninguno** le gana al juego de pares o <u>none</u>s

Now	ná:u	AHORA	* Al quitar los pétalos de una margarita se dice: «**Ahora** sí **ahora** <u>no</u>»
Before	bifó:*	Antes	* Era un melenudo **antes** de pelarse, parecía una **ante**na. ¡Anda, si es Robert <u>Beford</u>!...
After	áfte*	Después	* ... <u>hafta</u> **después** de cortarse el pelo no le había reconocido
Next	next	Siguiente	* El **siguiente** de la fila <u>nes</u>tá, el **siguiente** <u>nes</u>tá... ¡Vaya, si ya no hay nadie!
While	wáil	Mientras	* En **mi entrada** hay una a<u>wil</u>a (abuela). Su nariz es el timbre. Al pulsarlo dice **mentiras**
Still	stíl	Aún	* Un gran **atún** ha hecho a<u>still</u>as un barco de madera, pero este **aún** flota
Early	é*li	Pronto	* El agente de la ley Wyatt <u>Earp</u> desenfundaba su revólver muy **pronto**...
Early	é*li	Temprano	* ... y así, como <u>Earp</u> se cargaba a los malos pronto, podía acostarse **temprano**
Then	den	Luego	* Lo del **lago** Ness era mentira. La gente le dio mucho a la **lengua**. ¡Que les <u>den</u> a ellos!
Late	leit	Tarde	* Un **tordo** se está haciendo un nido en una **lata**. Trabaja hasta muy **tarde**

Here	híe*	AQUÍ	* Una persona señala **aquí** sus brillantes zapatos, y lleno de <u>ira</u> exclama...
There	de:*	Ahí, Allí	* ... <u>der</u>, me los he manchado **allí**. Y sufre tanto que necesita una <u>tera</u>pia psicológica

Opposite	aóposit	Enfrente	* Los políticos del gobierno y la oposición están en frente, golpeándose en la frente
Next to	next tu	Junto a	* ¿Es Ernesto el que está junto a el cesto?
In front	in front	Delante	* Al frenar, el pasajero del autobús que está delante se golpea in su frente
Behind	biháind	Detrás Atrás	* Detrás están los pasajeros más viejos, y más atrás los bebidos que tienen vahídos
Near	nía*	Cerca	* Un neardental intenta saltar una cerca, pero tropieza por la cercanía que tenía
Far	fa:*	Lejos	* Con sus prismáticos, alguien mira a lo lejos una falda que está entre los fardos

Inside	insáid	DENTRO	* Una persona resfriada come dentro de una cabina de teléfono. Todo le está insípido...
Outside	aútsaid	Fuera	* ... pero ahora sale fuera y coge el asado que pidió por teléfono al restaurante
On	ao:n	Encima	* Veo mucho heno oncima de una encimera
Under	ánde*	Debajo	* Debajo de la cama hay un enano que no para de andar

Fast	fast	RÁPIDO	* Gracias al fax todos los documentos llegan fastante rápido
Slow	slóu	Lento	* (Ver «despacio» en pág. 88)

Quickly	kuíkli	Deprisa	* Un gallo tartamudo camina **deprisa** por la calle apartando a los petones: <u>qui</u> <u>qui</u> <u>qui</u>ta del medio...
Slowly	slo<u>ú</u>li	Despacio	* ... pero atropella a un peatón, que iba muy **despacio**, y lo des<u>lo</u>ma». Del golpe lo manda al **espacio** sideral
Ahead	ahéd	Adelante	* «**Adelanteee**». Y el ejército con cuernos en los cascos embiste con <u>la head</u> (cabeza)
Behind	biháind	Atrás Detrás	* El <u>vahído</u> (desmayo) al <u>ver hind</u>úes le hizo quedarse muy **atrás** en la carrera

Capítulo 8

Saludos

Greet	gri:t	SALUDAR	* **Saludar** a <u>grit</u>os hace que puedas saludar a más gente a la vez
Hello	heló<u>u</u>	**Hola**	* Es muy similar
Good morning	gud mó:nin<u>k</u>	**Buenos días**	Unión lógica de 2 palabras
Good afternoon	gud aftenún	**Buenas tardes**	Unión lógica de 2 palabras
Good night	gud náit	**Buenas noches**	Unión lógica de 2 palabras
See you soon	si iu sú:n	**Hasta pronto**	Unión lógica de 3 palabras
Goodbye	gudbá:i	**Adiós**	* Alguien que ha sido muy bueno (<u>good</u>) <u>va</u> hacia **Dios** volando

Capítulo 9

Cortesía

∾

Please	pli:s	POR FAVOR	* El torturado suplica: «**Por favor**, que todo acabe en un <u>plis</u> <u>plas</u>»
Thank you	z<u>aé</u>nki<u>u</u>	**Gracias**	* Un payaso hace **gracias** a los niños con sus enormes <u>zancos</u>
You're welcome	iu* wélcam	**De nada**	* Un mago hace aparecer **de la nada** <u>tu walkman</u> y <u>welca</u> en él varias canciones
Sorry	sórri	**Disculpe** (lo siento)	* Alguien se **disculpa** y rellena el agujero que acaba de hacer con <u>serrín</u>

«You're welcome» significa literalmente «Tú eres bienvenido».

CAPÍTULO 10

Palabras interrogativas

USAREMOS la imagen de un **pirata** para formar las palabras interrogativas. El garfio que posee en la mano nos sugiere el signo de la interrogación «?», ¿verdad? De este modo, siempre que nos aparezca un pirata en alguna asociación inverosímil, sabremos que estamos hablando de una palabra interrogativa.

What?	wat	¿QUÉ?	* El pirata exclama «¡Qué wáter más sucio!», y tira de la cadena con su garfio
Who?	hu:	¿Quién?	* ¿Quién es? Pregunta el pirata, asustado. Pero el fantasma lo asusta aún más: Huuuu
Which?	wich	¿Cuál?	* Un pato pirata dice «cuá, cuá» al nadar en un vaso de whisky (ya ve y habla doble)
Why?	wá:i	¿Por qué?	* Los piratas jugando al póquer (¿Por qué?) y bebiendo ron se lo pasan wai
How?	háu	¿Cómo?	* Un pirata come ferozmente. Un indio se impresiona, y por miedo levanta su mano en señal de paz: «Hau»
When?	wen	¿Cuándo?	* Un pirata, tras decir a su amigo: «Ven cuando quieras», lo atrae con su garfio

Where?	we*	¿Dónde?	* Drácula, el **conde**, sujeta al pirata, pues este ya no puede ver de tanto ron como ha bebido...
How much?	hau mach	**¿Cuánto?**	* ... ¿**Cuánto** te debo de las copas? Dice el pirata al indio del mostrador. El indio le contesta: «Hau, mucho»...
How many?	hau méni	**¿Cuántos?**	* ... El pirata, muy enfadado, dice: «¿**Cuántos** vasos me has cobrado?». El indio se asusta y rectifica: «Hau, menos»

Pronombres personales

I	á:i̱	YO	* Creo que todo el mundo lo sabe, pero por si acaso: **Yo** soy tan delgado como esa I̱
You	iu	**Tú**	* ¿Qué haces **tú** con ese y̱o-yó en **tu tupé**?
He	hi	**Él**	* **Él** fue. **El** loco ese fue quien se acercó y empezó a relinchar: ẖia, ẖiia
She	shi	**Ella**	* **Ella** se acerca sigilosamente... Shh, es S̱heena, la reina de la selva
You	iu	**Usted(es)**	* Resulta que el del tupé y el y̱o-yó era un anciano. Entonces hay que hablarle de **usted**
We	wi	**Nosotros(as)**	* Corro con mis amigos **(nosotros)** alrededor de la torre Eiffel. ¿Seguimos? W̱i (Oui)
You	iu	**Vosotros(as)**	* ¡Anda! Ahora resulta que todos **vosotros** tenéis un y̱o-yó en vuestro tupé
They	dei̱	**Ellos(as)**	* Veo a los niños pequeños **(ellos)** correr y jugar a ser Ḏios

CAPÍTULO 12

Pronombres posesivos

∾

My	mái	MI	* **Mi** es <u>my</u> similar... Perdón, **Mi** es muy similar a <u>my</u>
Your	llo:*	Tu	* **Tu** significa que es **tu**<u>yo</u>
His	his	Su (de él)	* Veo a lo lejos a uno <u>hi**s**t**é**rico</u> arrastrar algo que es **su**yo
Our	áoa*	Nuestro	* Subo con mis amigos en todas las bicis del t<u>our</u>. ¡Son **nuestras**!
Your	llo:*	Vuestro	* A mi lado, unas personas arrastran un gran ani<u>llo</u>, y <u>yo</u> les digo: ¡Bien hecho!, es **vuestro**
Their	de*	Su (de ellos)	* A lo lejos veo su<u>dar</u> a gente que arrastra algo que es de ellos. ¡Menuda vista tengo!

CAPÍTULO 13

Pronombres demostrativos

This	dis	**ESTE,** **esta, esto**	* **Este** chico <u>dis</u>para **esto** desde **esta** posición tan <u>dis</u>tante...
That	dat	**Ese,** **esa, eso**	* ... y <u>da</u> a **esa** chica en los sesos, a pesar de que hace una **ese** para esquivarlo...
That over there	dat óve* de*	**Aquel,** **aquella,** **aquello**	* ... E increíblemente, después el objeto le <u>da sobrado</u> de fuerza a **aquel** marciano <u>verde</u>

Artículos

The	dea	EL, la(s), lo(s)	* ¡Observa qué arte! Todos los artículos definidos son the...
A	a	Un, una, unos, unas	* ... y «A» auna unos 4 artículos...
Some	saom	Unos(as)	* ... somos unos genios por articular unas asociaciones tan buenas

Preposiciones y conjunciones

SON también muy importantes, pues estas pequeñas partículas se repiten con mucha frecuencia en todas las conversaciones. Préstales, por tanto, una atención especial.

To	tu	A	* Puedes pensar en un atún bostezando «aaa»
Towards	tuo*ds	**Hacia**	* Una gran señal informativa de tráfico (indica **hacia**) cuyo mástil es una torre
Until	antíl	**Hasta**	* Un antílope sube de un salto **hasta** el asta de una bandera
For	fo:*	**Para**	* Un enorme ford americano, un big-foot, se **para** al chocar contra una pequeña parra
By, for	bái fo:*	**Por**	* Un portero de fútbol bailando. Es muy forte y no le preocupa el penalti
With	wiz	**Con**	* Un wisky **con** hielo que se sirve en un cono de papel
Of	of	**De**	* En una oficina todo el mundo **da** con el dedo al teclado del ordenador
From	from	**Desde**	* Un hombre se da **desde** siempre golpes en la frente con mucho **desdén**. No hay forma de pararlo

In	in	En	* Es muy similar
Without	widáut	Sin	* Una campana **sin** su badajo no hace <u>wido</u> (ruido)
On	<u>ao</u>:n	Sobre	* Veo un **sobre** enorme. Es un sobr<u>ón</u>
And	<u>ae</u>nd	Y	* La **Y** es una muleta que sirve para <u>and</u>ar
Neither, nor	níd<u>e</u>* no*	Ni	* Un <u>nido</u> en el polo <u>norte</u> que es un estropajo de **níquel**
That	dat	Que	* **Qué**<u>dat</u>e con el <u>dat</u>o... ¿Pero **qué** <u>dat</u>o?
Because	bicó:s	Porque	* Si juegan una partida de **póquer** <u>bizcos</u>, estos parecen hacerse señas continuamente

CAPÍTULO 16

Números

Number	námb<u>e</u>*	NÚMERO	* Es muy similar
One	uan	Uno	* Es muy similar
Two	tu:	Dos	* Somos **dos**, <u>tú</u> y yo
Three	zri	Tres	* Es muy similar
Four	fo:*	Cuatro	* Un viejo coche <u>Ford</u> que posee **4** patas de palo en vez de **4** ruedas
Five	fáif	Cinco	* Llevarse los **5** dedos (toda la mano) a la frente para ver si hay <u>fiebre</u>
Six	s<u>ei</u>ks	Seis	* Es muy similar
Seven	séven	Siete	* ¡Mira!, ya <u>se ven</u> venir de lejos a los **7** enanitos. ¡No, hombre, si ya están aquí!
Eight	éit	Ocho	* Veo a <u>E.T.</u> partir con un **hacha** unas grandes gafas (parecen un **8**)
Nine	náin	Nueve	* Cantar una <u>nana</u> a un muñeco de **nieve**. Se va derritiendo a medida que se duerme
Zero	síro<u>u</u>	Cero	* Es muy similar

Ten	ten	DIEZ	* Ten los 10 Mandamientos (Dios da a Moisés un ¡Tablazo en la cabeza!)
Twenty	tuénti	Veinte	* 2 + Terminación «ty»
Thirty	zé*ti	Treinta	* 3 + Terminación «ty»
Forty	fó*ti	Cuarenta	* 4 + Terminación «ty»
Fifty	fífti	Cincuenta	* 5 + Terminación «ty»
Sixty	síksti	Sesenta	* 6 + Terminación «ty»
Seventy	séventi	Setenta	* 7 + Terminación «ty»
Eighty	éiti	Ochenta	* 8 + Terminación «ty»
Ninety	náinti	Noventa	* 9 + Terminación «ty»
One hundred	uan hándred	Cien	* Si alguien se hunde en el cieno, seguramente pesa más de 100 kilos
Thousand	záusend	Mil	* Una gran formación de mil militares tosiendo. El jefe les golpea: «Zas», «A seguir corriendo por la senda», ordena
Million	mílieon	Millón	* Es muy similar

First	fe*st	PRIMERO	* El **primero**, como es el que gana, siempre se va de <u>fies</u>ta
Second	sék<u>eo</u>nd	Segundo	* Es muy similar
Third	ze:*d	Tercero	* Es muy similar al 30
Fourth	fo*z	Cuarto	* Es el número 4 + la terminación «th»
Fifth	fífz	Quinto	* Es el número 5 + la terminación «th»
Sixth	síksz	Sexto	* Es el número 6 + la terminación «th»
Seventh	sévenz	Séptimo	* Es el número 7 + la terminación «th»
Eighth	éitz	Octavo	* Es el número 8 + la terminación «th»
Ninth	náinz	Noveno	* Es el número 9 + la terminación «th»
Tenth	tenz	Décimo	* Es el número 10 + la terminación «th»

CAPÍTULO 17

Conjugaciones esenciales

BE	SER/ESTAR
I am	Yo soy/estoy
You are	Tú eres/estás Usted es/está
He, she, it is	Él, ella, ello es/está
We are	Nosotros somos/estamos
You are	Vosotros sois/estáis Ustedes son/están
They are	Ellos son/están

HAVE	HABER/TENER
I have	Yo he/tengo
You have	Tú has/tienes
He has	Él ha/tiene
We have	Nosotros hemos/tenemos
You have	Vosotros habéis/tenéis
They have	Ellos han/tienen

WANT	QUERER
I want	Yo quiero
You want	Tú quieres
He wants	Él quiere
We want	Nosotros queremos
You want	Vosotros queréis
They want	Ellos quieren

WISH	DESEAR
I wish	Yo deseo
You wish	Tú deseas
He wishes	Él desea
We wish	Nosotros deseamos
You wish	Vosotros deseáis
They wish	Ellos desean

CAN	PODER
I can	Yo puedo
You can	Tú puedes
He can	Él puede
We can	Nosotros podemos
You can	Vosotros podéis
They can	Ellos pueden

GO	IR
I go	Yo voy
You go	Tú vas
He goes	Él va
We go	Nosotros vamos
You go	Vosotros váis
They go	Ellos van

DO	HACER
I do	Yo hago
You do	Tú haces
He does	Él hace
We do	Nosotros hacemos
You do	Vosotros hacéis
They do	Ellos hacen

CAPÍTULO 18

Verbo «To be» (ser/estar)

E MPECEMOS con el verbo principal, el verbo «to be», equivalente en castellano a los verbos «ser» y «estar». Un verbo que es necesario conocer muy bien dado que lo usarás constantemente en tus conversaciones, lecturas o escritos en inglés.

En las tablas aparecen en las 2 primeras columnas, y con toda lógica, el pronombre y el verbo en inglés, en la 3.ª columna la pronunciación figurada, y en la columna de la derecha la traducción al castellano.

To Be (Ser/Estar): **Presente**

I	am	á:i̠ am	Yo soy/estoy
You	**are**	iu a:*	Tú eres/estás
He, she, it	**is**	hi is, shi is, it is	Él, ella, ello es/está
We	**are**	wi a:*	Nosotros somos/estamos
You	**are**	iu a:*	Vosotros sois/estáis
They	**are**	dei̠ a:*	Ellos son/están

Ejemplos:

I am very happy
(Estoy muy feliz)

They are very tall
(Ellos son muy altos)

Con frecuencia podrás encontrar las formas anteriores contraídas de este modo:

To Be (Ser/Estar): **Presente contraído**

I'm	á:im	Yo soy/estoy
You're	iu:*	Tú eres/estás
He's, she's, it's	hi:s, shi:s, its	Él, ella, ello es/está
We're	wi:*	Nosotros somos/estamos
You're	iu:*	Vosotros sois/estáis
They're	de:*	Ellos son/están

Ejemplos:

She's a nurse
(Ella es enfermera)

They're very tall
(Ellos son muy altos)

To Be (Ser/Estar): **Pasado**

I	was	á:i waos	Yo fui/estuve
You	were	iu we*	Tú fuiste/estuviste
He, she, it	was	hi waos	Él, ella, ello fue/estuvo
We	were	wi we*	Nosotros fuimos/estuvimos
You	were	iu we*	Vosotros fuisteis/estuvisteis
They	were	dei we*	Ellos fueron/estuvieron

Ejemplos:

Patricia was here
(Patricia estuvo aquí)

We were very lucky
(Fuimos muy afortunados)

* * *

Ahora relájate un poco y lee despacio lo que sigue a continuación:

Imagina que vas andando por la calle y de repente pasa por tu lado alguien a quien tú conoces, pero lo hace muy rápido y sin saludarte, se nota que no te ha visto.

¿Qué le dirías a esa persona que conoces y que ha **PASADO** tan rápido y sin saludarte porque no te **VE**?

La respuesta correcta, o al menos lo que yo haría, es:

1.º Llamar su atención sobre ella: **«HE-I»**.
2.º Preguntarle: **«¿**Adónde **VAS** tan rápido?

Si no eres de los que me conoce muy bien, es posible que te estés preguntando: ¿Pero qué le pasa a este? ¿Será de tanto memorizar?

Pero también puede suceder lo contrario. Quizá conozcas mejor mi estilo o incluso hayas adivinado por dónde voy, en cuyo caso apúntate un tanto.

Bueno, te revelo el misterio ahora mismo. Si te fijas, todas las palabras que hemos marcado en negrita:

— Ha **PASADO** muy rápido.
— No te **VE**.
— Le llamas: **«HE-I»**.
— Le dices: ¿Adónde **VAS**?

constituyen una ayuda memorística muy interesante para recordar las formas verbales del pasado del verbo «to be».

— **«PASADO»** nos indica que hablamos del tiempo pasado.

— **«VE»** nos está diciendo que hablamos del verbo «BE», ¿lo VEs?

— **«HE-I»** era una llamada de atención. En este caso, «HE-I» nos llama la atención sobre las formas del singular «He» e «I», es decir, sobre la 3.ª y sobre la 1.ª persona.

— **«VAS»** se parece mucho a «WAS». Además, si conoces algo de alemán, sabrás que «was» corresponde a «qué» y se pronuncia «vas».

Si no sabías esto último, da igual, pero lo que sí queda claro es que podemos resumir diciendo que:

El **PASADO** para la 3.ª y para la 1.ª persona del singular del verbo «to **BE**», «**HE**» e «**I**», es «**WAS**».

Con esta historieta espero haber resuelto la confusión que muchas personas tienen sobre cuándo utilizar «was» y cuándo «were».

* * *

— **Forma negativa:** Se forma poniendo «not» después del verbo:

She is not...
We were not...

Recuerda que también puedes encontrar su forma contraída:

She isn't...
We weren't...

— **Forma interrogativa:** Se forma invirtiendo el orden del verbo y del pronombre, tal y como sucede en castellano:

Are you...?
Is it...?

— **Forma interrogativa-negativa:** Es una mezcla de ambas. Su construcción comienza como la de las frases interrogativas, y luego se le añade la partícula «not», tal y como sucede en las frases negativas:

Are you not...?
Is he not... ?

O bien, en su forma contraída:

Aren't you...?
Isn't he...?

Nota: En este caso, la forma no contraída suena muy formal, pero es correcto y no pasa nada por usarla hasta que coges soltura con la forma contraída.

— **Participio pasado:** La forma para el verbo «to be» es *«been»*. Por ejemplo:

We have been nominated
(Hemos sido nominados)

CAPÍTULO 19

Verbo «To have» (haber/tener)

PROSIGAMOS con el verbo principal «to have», equivalente en castellano a los verbos «haber» y «tener». Otro verbo que es necesario conocer perfectamente.

To Have (Haber/Tener): **Presente**

I	have	ha:f	Yo he/tengo
You	have	ha:f	Tú has/tienes
He, she, it	has	ha:s	Él, ella, ello ha/tiene
We	have	ha:f	Nosotros hemos/tenemos
You	have	ha:f	Vosotros habéis/tenéis
They	have	ha:f	Ellos han/tienen

Recuerda que el verbo «haber» se usa para conjugar otros verbos, de forma que tras este verbo siempre vendrá otro verbo en participio pasado:

*«Yo **he** comido».*
*«Tú **has** comido»*, etc.

Así pues, en inglés el verbo «to have» es el que desempeña la función del verbo «haber» para formar los tiempos pasados.

Ejemplos:

I have wanted a new car
(He querido un coche nuevo)

We have decided many things
(Hemos decidido muchas cosas)

Al igual que sucedía con el verbo «to be», también puedes encontrar frecuentemente las formas anteriores contraídas, de este modo:

To Have (Haber/Tener): **Presente contraído**

I've	á:if	Yo he/tengo
You've	iu:f	Tú has/tienes
He's, she's, it's	hi:s	Él, ella, ello ha/tiene
We've	wi:f	Nosotros hemos/tenemos
You've	iu:f	Vosotros habéis/tenéis
They've	déi:f	Ellos han/tienen

To Have (Haber/Tener): **Pasado**

I	had	had	Yo hube/tuve
You	had	had	Tú hubiste/tuviste
He, she, it	had	had	Él, ella, ello hubo/tuvo
We	had	had	Nosotros hubimos/tuvimos
You	had	had	Vosotros hubisteis/tuvisteis
They	had	had	Ellos hubieron/tuvieron

Ejemplos:

Frank had a dog
(Frank tuvo un perro)

They had problems
(Ellos tuvieron problemas)

* * *

— **Forma negativa:** Se pone «not» después del verbo:

She has not...
We have not...

Esta forma puede contraerse de dos modos:

She's not...
We've not...

O bien así:

She hasn't...
We haven't...

— **Forma interrogativa:** Se forma invirtiendo el orden del verbo y del pronombre, tal y como sucede en castellano:

Have you...?
Has it... ?

— **Forma interrogativa-negativa:** Es una mezcla de ambas. Su construcción comienza como la de las frases interrogativas, y luego se le añade la partícula «not», tal y como sucede en las frases negativas:

Have you not...?
Has he not... ?

O bien, en su forma contraída:

Haven't you...?
Hasn't he...?

— **Participio pasado:** La forma para el verbo «to have» es *«had»*.
Por ejemplo:

Sandra has had a bad day
(Sandra ha tenido un mal día)

Capítulo 20

Verbo «Can» (poder)

~

E L verbo «can» (poder) es otro verbo auxiliar muy importante. En inglés lo es incluso más que en castellano, pues aparte de su traducción normal de «poder», también puede tener el significado de «saber». De este modo, tanto el infinitivo como el futuro del verbo «can» no es «can», sino «be able», cuya traducción literal sería «ser capaz».

Veamos unos ejemplos:

I can run very fast
(Yo <u>puedo</u> correr muy deprisa)

David and Jorge can speak English
(David y Jorge <u>saben</u> hablar inglés)

Can you cook?
(¿<u>Sabes</u> cocinar?)

De este modo, lo que para nosotros significa

«saber hacer algo»,

para los anglohablantes puede significar

«poder hacer algo».

El verbo «can» solamente tiene dos formas para todas las personas:

— Presente: «can» (se pronuncia k<u>ae</u>n).
— Pasado: «could» (se pronuncia k<u>ou</u>:d, la «l» es muda).

También dispone de una forma para el condicional, que es exactamente la misma que se usa para el pasado:

— Condicional: «could» (se pronuncia k<u>ou</u>:d).

Can (Poder): **Presente**

I	can	k<u>ae</u>n	Yo puedo
You	can	k<u>ae</u>n	Tú puedes
He, she, it	can	k<u>ae</u>n	Él, ella, ello puede
We	can	k<u>ae</u>n	Nosotros podemos
You	can	k<u>ae</u>n	Vosotros podéis
They	can	k<u>ae</u>n	Ellos pueden

Can (Poder): **Pasado**

I	could	k<u>ou</u>:d	Yo pude
You	could	k<u>ou</u>:d	Tú pudiste
He, she, it	could	k<u>ou</u>:d	Él, ella, ello pudo
We	could	k<u>ou</u>:d	Nosotros pudimos
You	could	k<u>ou</u>:d	Vosotros pudisteis
They	could	k<u>ou</u>:d	Ellos pudieron

Can (Poder): **Condicional**

I	could	k<u>ou</u>:d	Yo podría
You	could	k<u>ou</u>:d	Tú podrías
He, she, it	could	k<u>ou</u>:d	Él, ella, ello podría
We	could	k<u>ou</u>:d	Nosotros podríamos
You	could	k<u>ou</u>:d	Vosotros podríais
They	could	k<u>ou</u>:d	Ellos podrían

— **Forma Negativa:** Se forma poniendo «not» después del verbo.

a) La forma negativa de «can» es «cannot» *(ka̠é:not).* Con mucha frecuencia se utiliza la contracción «can't» *(ka̠é:nt).*

b) La forma negativa de «could» es *«could not» (ko̠úd not).* Con mucha frecuencia se utiliza la contracción *«couldn't» (ko̠ú:de̠ont).*

* * *

Voy a aprovechar este momento para enseñarles una ayuda memorística a todas aquellas personas a las que le cuesta recordar dónde se ubica el apóstrofo (') en las palabras contraídas, como en *«couldn't»* (algunos la escriben así: *«could'nt»).*

Dicha contracción se produce en las frases negativas como consecuencia de añadir al verbo, en este caso *«could»,* la partícula *«not».*

De las 3 letras que forman **«not»,** ¿cuál parece un plato?

Evidentemente la «o», ¿no? Pues como hay que comer en el plato, pongo la coma en el lugar del plato, es decir, en el lugar de la «o».

Dicho de otro modo: «Si me como todo el plato», *«could not»* quedará transformado en *«could n't»,* al desaparecer el plato por la acción de comer.

En este caso desaparece la «o» por acción del apóstrofo ('), lo cual es prácticamente lo mismo. Por tanto, la única palabra final posible, ya contraída, será *«couldn't».*

— **Forma interrogativa:** Se forma invirtiendo el orden del verbo y del pronombre, tal y como sucede en castellano:

Can you...?
Can they...?

— **Forma interrogativa-negativa:** Es una mezcla de ambas. Su construcción comienza como la de las frases interrogativas, y luego se le añade la partícula «not», tal y como sucede en las frases negativas:

Can you not ...?
Can he not ...?

Recuerda: Las formas interrogativas-negativas no contraídas suenan muy formales, pero son correctas y no pasa nada por usarlas hasta que coges soltura con las formas contraídas.

Notas importantes para el verbo «can»

a) Cuando le sigue **un verbo en infinitivo** no se emplea la partícula «to» que lleva consigo dicho verbo en infinitivo:

> *We can go to the cinema tonight*
> (Podemos ir al cine esta noche)

Y no diríamos: «We can to go to the cinema tonight».

b) No se emplea con este verbo ni con ninguno de los verbos auxiliares la partícula «**do**», usada comúnmente para formular las preguntas y las formas negativas de las oraciones.

> *Can you...?*
> (¿Podemos...?)

Y no: *Do you can...?*

c) Para tiempos futuros y para el infinitivo de este verbo se utiliza la forma «**be able**»:

> *We will be able to come*
> (Podremos venir)

Capítulo 21

Primer día de práctica

෨

Este es nuestro primer día de aprendizaje en sí, y lo vamos a dedicar a repasar y a consolidar todo el vocabulario que hemos visto en las tablas. Para ello necesitarás tener una plantilla de cartón como la que se explica a continuación.

REPASO

En efecto, gracias al repaso nos aseguraremos de que asimilas y ganas fluidez en el uso del vocabulario. Para que puedas hacerlo adecuadamente, tendrás que recortar una tarjeta de cartón de forma rectangular, a la que puedes pegar un pequeño trozo circular de cartón en el centro, de forma que adquiera un poquito de relieve y puedas desplazarla fácilmente sobre el papel.

Las medidas de esta tarjeta están basadas en el tamaño de las tablas de vocabulario que tenemos en nuestro libro:

El *ancho* del corte que aparece en la parte superior izquierda debe ser igual al tamaño de las dos casillas de la izquierda juntas, y su *altura* la equivalente al ancho de una fila (diagrama 1):

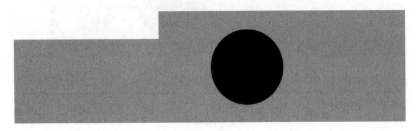

Diagrama 1

¿Cómo debemos utilizar esta tarjeta para repasar?

1.º Presta atención a la primera palabra situada en la columna de la izquierda (término inglés), de forma que la plantilla tape por completo las dos columnas siguientes y parte de la de la derecha del todo (correspondiente a las asociaciones de datos puros). *Pronúnciala ahora en voz alta* (diagrama 2):

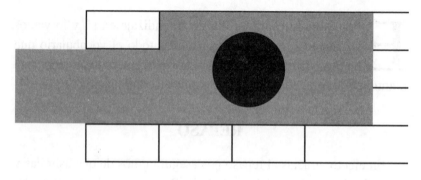

Diagrama 2

2.º A continuación, desplaza la tarjeta hacia la derecha el equivalente al ancho de una casilla, para asegurarte de que tu pronunciación es la correcta (diagrama 3):

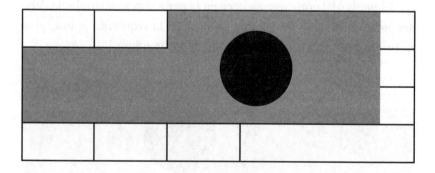

Diagrama 3

Importante: Una vez que la veas escrita, vuelve a pronunciarla en voz alta *por segunda vez,* leyendo con atención su correcta pronunciación figurada.

3.º *Piensa ahora en la traducción inversa,* es decir, en lo que esa palabra extranjera quiere decir en castellano. Dicho de otro modo, trata de averiguar qué palabra hay escrita en la tercera columna. Después, desplaza la tarjeta otro golpe hacia la derecha para comprobar que no te has equivocado (diagrama 4):

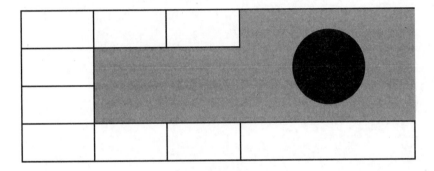

Diagrama 4

4.º Finalmente, y a modo de refuerzo, lee la asociación inverosímil (casilla situada más a la derecha), visualizándola y sintiéndola con intensidad, e identificando en ella las palabras clave (en negrita y subrayadas) que relacionan los términos en castellano y en inglés respectivamente.

Repite estos cuatro pasos con todas las filas de todas las tablas, bajando la plantilla progresivamente.

CAPÍTULO 22

Segundo día de práctica

∞

Grabación de tu voz. Necesitarás una grabadora de voz para realizar los ejercicios propuestos para este día.

Es fundamental que grabes tu voz. Si no dispones ahora de dicha grabadora, déjalo para mañana, pero entonces repasa hoy nuevamente las tablas, tal y como hiciste ayer.

Además de una grabadora podrás utilizar tu propio ordenador personal, guardando en un archivo de sonido las palabras que tendrás que pronunciar en este ejercicio. Puedes usar la grabadora de sonidos que trae Windows o cualquier otro programa que te sirva para ello.

Personalmente prefiero una grabadora independiente que te permita grabar tu voz en una cinta de audio. La ventaja de las grabadoras está en que podrás trabajar posteriormente con ella en cualquier lugar, sin necesidad de estar conectado a un ordenador.

GRABACIÓN DE TU VOZ

Bueno, ya tienes tu grabadora de sonido. ¿Qué vamos a grabar con ella exactamente?

Pues muy sencillo, vamos a grabar la voz inglesa de las palabras de nuestras tablas de vocabulario. Para ello tendrás que leerlas en voz alta y clara, prestando antes especial atención a la pronunciación figurada de cada palabra.

Debes dejar unos cinco segundos entre palabra y palabra, de forma que más adelante, cuando escuches tu voz de nuevo, tengas tiempo de pronunciar la misma palabra (lo cual tendrás que hacer de oído, sin verla) y de traducirla al castellano.

Te describo a continuación más detalladamente y con un ejemplo lo que tienes que hacer. Supongamos esta tabla:

Think	«zink»	PENSAR	* Xxxxxxxxxx
Believe	«beilíf»	Creer	* Xxxxxxxxxx
Know	«nou»	Saber	* Xxxxxxxxxx
...	...	...	...

En esta parte de la grabación tendrías que pronunciar:

«zink»

(Esperas ahora en silencio y sin detener la grabadora unos cinco segundos antes de pronunciar la siguiente palabra):

«beilíf»

(Esperas otra vez en silencio y sin detener la grabadora otros cinco segundos):

«nou»

(Esperas igualmente en silencio y sin detener la grabadora otros cinco segundos):

etcétera

Y así sucesivamente con todas las palabras.

Si quieres, puedes decir la palabra: «Verbos» antes de pronunciarlos. Después dices: «Sustantivos», y los pronuncias también. Así sucesivamente con todo el vocabulario.

Importante: Mientras grabas tu voz, aprovecha esos 5 segundos de tiempo muerto existentes entre palabra y palabra para repasar la fila completa de cada vocablo. Comprueba cómo se escribe, cómo se pronuncia y, sobre todo, refuerza la asociación inverosímil.

Capítulo 23

Tercer día de práctica

⁓

VAMOS a trabajar otra vez con la **grabadora de voz.** Recupera la grabación que hiciste el día anterior y presta atención a cómo tienes que realizar el ejercicio de hoy. Es muy sencillo: Cuando la grabadora empiece a funcionar y escuches tu voz, oirás muchas palabras pronunciadas en inglés y distantes unos cinco segundos entre sí, ¿verdad?

Durante esos cinco segundos tendrás que repetir la palabra en inglés, tal y como la escuchas, y acto seguido traducirla al castellano (a tu idioma materno). De este modo pretendo que empieces a afinar el oído para captar las voces extranjeras. Para ello, nada mejor que empezar reconociendo las palabras de tu propia voz.

Observa a continuación estos ejemplos:

— Cuando escuches la palabra:

«zink»

(tendrás que repetirla en voz alta: «zink», y acto seguido traducirla al castellano: «Pensar»).

— Después escucharás la siguiente palabra:

«beilíf»

(nuevamente la repites: «beilíf», y la traduces también al castellano: «Creer»).

— Después vendrá otra palabra:

«nou»

(una vez más, la repites: «nou», y la traduces: «Saber»).

- Repetir cada palabra siempre te será tarea sencilla, motivo por el cual tienes que intentar esmerarte un poquito en la pronunciación. Tú mismo empezarás a sentir cuándo tu pronunciación y tu entonación empieza a ser la correcta, lo cual es algo que te sucederá muy pronto.
- Por otra parte, tampoco deberías tener ya muchos problemas con la traducción, máxime sabiendo que solamente escucharás verbos en infinitivo junto con otras palabras que ya tienes asociadas. Si tuvieses algún problema con alguna de ellas, tendrás que repasarla de forma especial al terminar el ejercicio.

ATENCIÓN: Para realizar este ejercicio correctamente tienes que *usar la plantilla de cartón* del siguiente modo:

Cuando escuches la primera palabra:

«zink»

decíamos que tenías que repetirla en voz alta: «zink», y acto seguido traducirla al castellano diciendo: «Pensar». Justamente tras ese momento, bajas la plantilla para descubrir esa línea y asegurarte de que tu pronunciación y traducción son correctas:

Think	«zink»	**PENSAR**	* Xxxxxxxxxxx

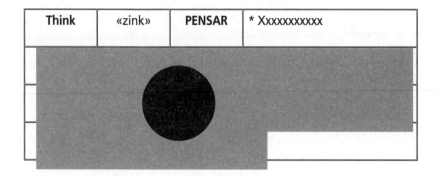

Después escucharás la siguiente palabra:

«beilíf»

Y otra vez, tras repetirla y traducirla al castellano diciendo: «Creer», vuelves a bajar la plantilla para descubrir esa línea en cuestión, asegurándote una vez más de que esa es realmente su traducción.

Así lo tienes que hacer con todas la palabras. Como 5 segundos es mucho tiempo, harás el ejercicio perfectamente cuando, tras comprobar que pronuncias y traduces todas las palabras correctamente, te dé tiempo también a verlas escritas y a leer sus asociaciones inverosímiles. En resumen, intenta revisar la fila completa de cada término. No te aburrirás y merecerá la pena.

Cuando consigas hacerlo así, no tendré más remedio que **felicitarte** y darte mi **«¡Enhorabuena!».**

Recuerda que si tienes dificultad para recordar alguna palabra, tendrás que repasarla con la frecuencia que sea necesario.

Capítulo 24

Cuarto día de práctica

∿

Primer ejercicio

Observa la siguiente frase:

Mi nombre es Tarzán

Esta frase la pronunciaría Tarzán en castellano del siguiente modo:

Mi nombre ser Tarzán

Y en inglés lo haría de esta manera:

My name be Tarzan

Aunque, lógicamente, en un inglés perfecto tendríamos que decir:

My name is Tarzan

Es decir, conjugando el verbo «To be» (ser, estar) y empleando la 3.ª persona del singular: «is», algo que haremos correctamente muy pronto.

La gramática inglesa, en cuanto a los verbos se refiere, es realmente sencilla, pues, de hecho, los anglohablantes hablan como Tarzán. Así, si exceptuamos los 2 verbos más importantes: «To be» (ser, estar) y «To have» (haber, tener), para el resto de verbos se emplea el infinitivo sin más, independientemente de la persona que se conjugue.

Por ejemplo, el verbo «querer» es «to want». La partícula «to» simplemente nos indica que nos estamos refiriendo al tiempo en infinitivo, pero se omite cuando es conjugado:

— «Yo quiero» es «I want», y no «I <u>to</u> want». Por cierto, observa que «yo» se escribe en inglés siempre en mayúscula: «I».
— Del mismo modo, el verbo «trabajar», dicho así, en infinitivo, se traduce como «to work», pero «yo trabajo» es «I work».
— Si unimos ambos verbos en la expresión «Yo quiero trabajar», la frase resultante en inglés sería «I want to work». Ahora sí utilizaríamos la partícula «to», pues unida a «work» significa «trabajar» (to work), pues es un verbo en infinitivo.

Por este motivo, no hace falta que pensemos más como Tarzán. Construiremos las frases tal y como son, correctamente. La lengua inglesa nos permite hacerlo.

Ahora tendrás que traducir al inglés, y pronunciar en voz alta, una serie de frases. Solamente deberás leer la primera frase de cada pareja, la que está en negrita. Esta frase representa la idea que deseas transmitir.

Tapa la segunda frase con ayuda de la tarjeta que fabricaste y, tras tu pronunciación, desliza la cartulina un poquito hacia abajo, hasta destapar la segunda frase, que es la solución. Haz entonces las comprobaciones pertinentes, teniendo en cuenta que esta segunda frase deberá ser coincidente (aproximadamente) con la que tú has pronunciado.

Un ejemplo:

En un primer tiempo tapa con la tarjeta la frase del par que está debajo:

— Mi nombre es Tarzán.

Pronúnciala en voz alta, tal y como pienses que lo haría Tarzán. En castellano sería:

«*Mi nombre ser Tarzán*»

A continuación desliza la tarjeta un poco hacia abajo para comparar tu respuesta con la del libro:

— Mi nombre es Tarzán.
— Mi nombre ser Tarzán.

¿Está claro? Pues ahora vamos a hacer lo mismo, pero traduciendo la primera frase de cada pareja al inglés:

1. Mi nombre ser (di el tuyo).
My name be (el tuyo).

¿Lo hiciste bien?

OK. Seguro que podemos decir a continuación la misma frase en un inglés perfecto. Dada la importancia que tiene el verbo «to be», y dado lo que se usa la tercera persona del singular «is», traduce correctamente la frase que sigue, la cual aparece escrita ahora de forma correcta:

2. Mi nombre es (di el tuyo).
My name is (el tuyo).

Continúa traduciendo hacia abajo. Pronuncia las frases en voz alta y después compruébalo deslizando la tarjeta. Úsala para que puedas tapar la traducción y no veas la solución antes de tiempo.

3. Yo soy de... (país natal).
I am from…

4. Tú eres de España.
You are from Spain.

5. Él es de Alemania.
He is from Germany.

6. Ella es de Italia.
She is from Italy.

7. Nosotros somos de Inglaterra.
We are from England.

8. Soy un estudiante.
I am a student.

Observa que los pronombres personales: «yo», «tú», «él», etc., siempre se ponen en inglés.

9. Tú eres mi maestro.
You are my teacher.

10. Tú quieres aprender un idioma.
You want to learn a language.

11. Tú puedes aprender un idioma.
You can learn a language.

El verbo «**can**», que significa «poder», es muy importante en inglés. Cuando le sigue un verbo en infinitivo, se omite por excepción la partícula «to». De este modo, la expresión: «Puedo encontrar» es «Can find», y no «Can <u>to</u> find».

Compárese la omisión de la partícula «to» en «can lern» (frase 11), con su aparición en la frase 10: «want to learn».

> **Si tienes algún problema con el vocabulario de alguna frase, búscalo y repásalo en su tabla correspondiente.**

12. Mi camisa es blanca.
My shirt is white.

> **El adjetivo en inglés no tiene ni género ni número.**

Por lo tanto, siempre se escribe del mismo modo. Por ejemplo, el adjetivo «white» puede traducirse por blanco, blanca, blancos o blancas.

13. Tu corbata es negra.
Your tie is black.

14. Tus zapatos son negros.
Your shoes are black.

> **Los pronombres posesivos no tienen número, pero sí pueden tener género.**

Tal y como sucedía con los adjetivos, en muchos casos los pronombres posesivos también tienen una única forma. En las dos frases anteriores (13 y 14) podemos ver cómo en castellano se distingue entre «tu» y «tus», mientras que para el inglés solamente existe la forma «your». Sin embargo, como podrás comprobar en los siguientes ejemplos, cuando se trata de las formas posesivas «de él» y «de ella» sí tienen género en inglés.

15. Su moto (de él) es roja.
His motorcycle is red.

16. Su falda (de ella) es verde.
Her skirt is green.

17. Nuestra bicicleta es azul.
Our bicycle is blue.

18. Vuestro libro es amarillo.
Your book is yellow.

19. El coche de ellos es marrón.
Their car is brown.

20. El mío es muy bonito.
Mine is very pretty.

21. Quiero encontrar un taxi.
I want to find a taxi.

22. La habitación está limpia.
The room is clean.

«Not» se usa para formar las frases negativas, negando la acción del verbo que le precede.

---

23. Pero la habitación no está limpia.
But the room is not clean.

24. No puedo estudiar ahora.
I can not study now.

«Can not» aparece muy frecuentemente unido en una sola palabra: «cannot»:

«I cannot study now»

25. Estoy detrás de la puerta.
I am behind the door.

26. Quiero estar aquí.
I want to be here.

27. Quiero ser profesor.
I want to be a teacher.

En inglés se antepone el artículo un/una delante de las profesiones. Observa también que los pronombres personales (en este caso «I») siempre se ponen en las frases.

28. ¿Eres médico?
Are you a doctor?

29. ¿Dónde estás tú?
Where are you?

30. Por favor, quiero encontrar un taxi.
Please, I want to find a taxi.

Para el condicional se usa la palabra «would» delante del verbo:

31. Por favor, quisiera encontrar un taxi.
Please, I would like to find a taxi.

Recuerda:

— **Querer:** To want.
— **Yo quiero:** I want.
— **Yo quisiera:** I would like.

Nota: Por cortesía, la frase «yo quisiera» se traduce en inglés por «I would like» o «I'd like» en vez de «I would want».

Si no recuerdas la traducción de alguna palabra, revísala en su tabla. Comprueba y repasa su traducción, su pronunciación figurada y su asociación inverosímil.

Sigamos con el ejercicio:

32. Por favor, ¿cómo puedo encontrar un taxi?
Please, how can I find a taxi?

En la frase interrogativa anterior, puedes observar una vez más cómo no omitimos el pronombre «I» (yo). Al contrario que en el idioma castellano, en inglés es obligatorio su uso. La traducción literal de esta frase inglesa al castellano sería:

«Por favor, ¿cómo puedo yo encontrar un taxi?»

Prosigamos:

33. ¿Dónde está la parada de metro?
Where is the subway station?

34. ¿Dónde está la calle San José?
Where is San José Street?

Fíjate bien cómo en esta última frase se hace patente la particularidad inglesa de poner el adjetivo delante del nombre. Nosotros decimos «calle San José», y ellos lo dicen al revés: «San José calle» (San José Street).

Te habrás dado cuenta de que hemos omitido en la traducción el artículo «la» (en inglés «the») de *la calle San José*. Y es que la lengua inglesa es ahorrativa, y en ella se omiten muchas veces los artículos y otras partículas usuales para nosotros.

35. ¿Dónde está el hotel Scandic?
Where is the hotel Scandic?

Intenta traducir la siguiente frase (la n.º 36) de forma resolutiva y abreviada, es decir, empleando el menor número posible de palabras (no tienes que traducirlas todas), pero hazlo de forma que pudieran entenderte sin ningún problema:

36. Por favor, ¿cómo puedo ir a la estación?, o bien:
¿Por favor, para ir a la estación?
Please, to the station?

El uso de «to» es muy frecuente. Se traduce por «a», «hacia» o «para», indicando destino.

La traducción más técnica de la frase anterior sería:

«Please, how can I get to the station»

Pero observa que no es necesario decirla así para poder comunicarte de forma clara. De hecho, en castellano podemos decir la frase equivalente a:

«Please, to the station?»

siendo totalmente correcta, usada y entendible:

«¿Por favor, para la estación?»

El objetivo de este libro es el de ser capaz de defenderte en tan solo 7 días, y para ello tendremos que omitir los refinamientos (los conocerás a su debido tiempo). Apuesto a que ya conoces el significado de la mayoría de las palabras que hemos visto y que puedes traducirlas sin ningún problema.

Segundo ejercicio

Por favor, no te saltes este ejercicio. Aparte de ser fundamental, es muy activo y divertido. Cuando lo hagas, posiblemente sea el que más te guste de todos.

Vamos a realizar un ejercicio de grabación de voz. Graba la versión inglesa de las frases anteriores, leyéndolas directamente del libro y dejando 4 ó 5 segundos entre ellas. Después, escúchalas y tradúcelas al castellano (sin el libro delante). Podrás hacerlo aprovechando esos segundos que dejaste entre cada frase.

Para hacerlo de forma impecable te recomiendo los siguientes pasos:

1.º Antes de leer la frase haz un reconocimiento previo de su vocabulario, de forma que sepas pronunciar (de acuerdo con tu nivel de inglés) cada una de sus palabras. Si no recuerdas cómo se pronuncia alguna de ellas, mírala en su tabla.

2.º Antes de leer la frase en inglés, pronuncia en castellano su número de frase. Por ejemplo: «Frase 5», y acto seguido la lees en inglés, tal y como hemos dicho.

3.º Ten a mano un bolígrafo y un papel. Si tuvieses problemas para traducir alguna frase, simplemente anota su número, y cuando termines el ejercicio la compruebas, reforzando el vocabulario que tenga y/o aquella parte de la frase que no hayas podido identificar correctamente.

¡Suerte!

Capítulo 25

Quinto día de práctica

Primer ejercicio

Traduce al inglés las siguientes frases. Usa tu cartulina para tapar la solución y compruébala después:

1. El dormitorio de tu casa es muy grande.
The bedroom of your house is very big.

La frase que viene a continuación (la n.º 2) tradúcela de un modo aproximado:

2. ¿Cuánto/Qué cuestan estos pantalones?
What cost these pants?

Con la traducción anterior seguro que te haces entender bien. No obstante, para decirla de un modo perfecto:

«What <u>do</u> these pants <u>cost</u>?»

tendríamos que:

a) Incorporar el verbo auxiliar «**do**».
b) Pasar el verbo principal «cost» (costar) al final de la frase. No te preocupes por este aparente desorden. Ciertamente parece un poco enrevesado, pero solo es cuestión de hábito, de formar unas cuentas frases.

«**Do**» es un verbo auxiliar que se usa en las preguntas, pero no con los verbos auxiliares (to be, to have, can). Cuando se trata de la 3.ª persona del singular, se usa «**does**».

Sigamos con otra regla gramatical muy sencilla:

Los tiempos pasados de los verbos se forman con la terminación -ed.

3. **Cuando era pequeño, yo vivía en España.**
   When I was little, I lived in Spain.

El pasado del verbo «to be» es «was» en la 1.ª y en la 3.ª persona del singular (para las demás personas es «were»). No obstante, si no te acordases en tus primeras conversaciones, siempre podrías hablarlo como lo haría Tarzán, y decirlo así:

«Cuando yo ser pequeño…» «When I be little…»

Fíjate también en la palabra «lived». Corresponde al tiempo pretérito (pasado) del verbo «to live» (vivir). Tal y como hemos dicho termina en «-ed». Su pronunciación figurada es «*livd*», siendo la «e» muda.

4. **Trabajé anteriormente como maestro.**
   I worked before as a teacher.

5. **Mañana iré a comprar ropa.**
   Tomorrow I will go to buy clothes.

Ya salió el tiempo futuro. Es realmente sencillo:

Para el futuro se usa la palabra «will».

Observa:

— **I go:** «Yo voy».
— **I will go:** «Yo iré».

6. La próxima semana voy a Dinamarca.
Next week I go to Denmark.

7. La próxima semana iré a Dinamarca.
Next week I will go to Denmark.

Nota: La frase número 6 sería la traducción literal de «La semana que viene voy a Dinamarca», ya que en español se puede hablar en el presente para describir una acción que tendrá lugar en el futuro. Sin embargo, en inglés no es correcto utilizar el presente para hablar de una acción que tendrá lugar en el futuro, sino que es mejor usar la forma del futuro «I will go» o el presente continuo que veremos a continuación. En todo caso, no te preocupes si no te sale desde el principio, ya que un anglohablante te entenderá perfectamente si dices «Next week I go to Denmark».

Para formar el tiempo presente, y siempre que la acción se desarrolle en el mismo momento, es muy utilizado el «voy a», lo cual se conoce como **Presente continuo**. Para ello, la lengua inglesa utiliza el verbo «to be» y el gerundio de los verbos.

El gerundio se forma con la terminación -ing.

Por ejemplo:

«eat» = comer
«eat**ing**» = comiendo

De este modo, la frase:

Voy a Dinamarca

Queda mejor si está expuesta con el presente continuo:

«I am going to Denmark»

8. Si tuviese bastante dinero, me compraría este coche.
If I have enough money, I would buy this car.

Observa lo que hemos hecho con la forma del subjuntivo «tuviese», la hemos hecho tiempo presente sin más: «Si yo tengo» (If I have).

El modo subjuntivo vamos a traducirlo por el «presente» de indicativo.

En un inglés perfecto, el modo subjuntivo en español se traduciría por el pretérito en inglés («I'd had enough money...»), pero de momento no te compliques. Seguro que te entienden a la perfección. De hecho, el tiempo subjuntivo es muy poco usado en otras lenguas.

Por cierto, nos ha salido el condicional «would». ¿Te acuerdas de él?

Compraría: «I would buy».
Compraré: «I will buy».

9. Ahora no puedo escucharte porque estoy comiendo.
Now I can not listen to you because I am eating.

¿Qué tenemos aquí?

Por una parte la negación «**not**», la cual está negando al verbo «can» (poder).

Por otra vemos el verbo «**escuchar**» (to listen). Nosotros decimos «escucharte», y los anglohablantes «escuchar a tú» (listen to you). No te asustes, cuando esto te salga 2 ó 3 veces más te será muy familiar y lo encontrarás hasta lógico.

10. No me digas lo que puedo y lo que no puedo hacer.
Do not (Don't) tell me what I can and can not do.

Analiza esta frase, se puede aprender mucho de ella. ¿Puedes ver la lógica en toda su estructura? Seguro que sí.

Quédate con esto:

«Do not» (o su contracción «Don't») niega toda la frase.

«**Do not**» se contrae muy frecuentemente en «**don't**».
Por otra parte, «**me**» se traduce por «a mí». Así, «tell me» significa «decir a mí», o sea, «decirme».

11. No le hables a Helen.
Don't talk to Helen.

12. Me gustaría comerme un bocadillo y tomarme una cerveza en ese bar.
I would (I'd) like to eat a sandwich and have a beer in that bar.

13. ¿Quieres estar en casa?
Do you want to be at home?

Para referirte a «tu casa» se emplea la palabra «**home**».
Por cierto, ¿te has fijado en que todas las frases que estamos viendo están bien expuestas en español?
Pues también lo están en inglés. La verdad es que:

Conociendo bien el vocabulario la tarea se vuelve mucho más sencilla, pues identificarás enseguida dónde está cada tipo de palabra en la frase: verbos, adjetivos, palabras interrogativas, palabras negativas, etc.

---

14. ¿Sabe ella cómo estudiar ahora?
Does she know how to study now?

15. Yo quiero volver a la escuela.
I want to return to school.

16. Pienso que volveré a la escuela.
I think I will return to school.

El uso del «que» es mucho menos frecuente en inglés que en español. En inglés podemos traducirlo por «that», pero muchas veces brillará por su ausencia, tal y como ha sucedido en esta última frase.

17. ¿Vas a ir a casa después?
Are you going home after?

18. ¿Ella no quiere trabajar?
Doesn't she want to work?

19. Robert no quiere trabajar en casa.
Robert does not want to work at home.

20. Yo quiero comer con ella en casa.
I want to eat with her at home.

21. ¿No quieres comer, beber o dormir en casa?
Don't you want to eat, drink or sleep at home?

22. Llego a la casa y llamo a la puerta, pero no hay nadie.
I get to the house and knock on the door, but there is nobody.

¿Qué sucede con la forma «**hay**» del verbo «haber»?
Al contrario que en castellano, la forma inglesa equivalente a «hay» tiene singular y plural:

There is a dog
(**Hay** un perro)

Pero...

There are many dogs
(**Hay** muchos perros)

Para formular una pregunta con «Hay» se invierten sus dos palabras:

¿**Hay** un perro en casa?
Is there a dog at home?

O bien:

¿**Hay** muchos perros en casa?
Are there many dogs at home?

«Hay» se traduce por «There is» (singular) o por «There are» (plural), y se invierten sus palabras en las frases interrogativas.

---

23. **Después, yo subo las escaleras y entro al salón.**
    Then, I go up the stairs and into the living room.

24. **Cuando estoy durmiendo, no quiero saber nada.**
    When I am sleeping, I don't want to know anything.

25. **Cuando como no quiero hacer nada.**
    When I eat, I don't want to do anything.
    When I am eating, I don't want to do anything.

Hemos traducido esta frase de las 2 formas posibles. La primera es simplemente con el presente de indicativo: «I eat», y la segunda con el gerundio: «I am eating» (presente continuo).

26. **Cuando él no trabaja quiere hacer pequeñas cosas.**
    When he is not working, he wants to do very little things.

Una vez más, hemos traducido empleando el tan usado gerundio:

When he is not working
(Cuando no está trabajando)

27. Cuando no trabajo, quiero ir a comprar.
When I am not working, I want to go shopping.

28. Yo quiero estar allí para ver, oír y decir muchas cosas.
I want to be there to see, hear and say many things.

Observa en la frase anterior las palabras:

«para ver»

Su traducción es

«to see»

«**See**», como sabes, corresponde al verbo «ver», y «**to see**» nos indica que se trata del verbo en infinitivo, pero «to» también significa «para ver», «para comer», «para ir», etc.

Fíjate que es muy común decir en una conversación:

«para...»

siendo esos puntos suspensivos un verbo en infinitivo:

«para ver», «para comer», «para ir», etc.

29. Miro a mis amigos y quiero comprender todo lo que dicen.
I look at my friends and I want to understand everything they say.

Una vez más omitimos el uso del «que».

30. Supe después lo que la gente pensar.
I know after what people to think.

He usado en esta frase «pensar» en infinitivo para evitar un tiempo pasado más complicado, pues el pasado del verbo inglés «think» es irregular, no es «thinked», es decir, no acaba en «-ed», tal y como marca la regla general, sino que es «thought».

Así, aunque la forma más correcta de traducir la frase anterior sería:

«I found out afterwards what people thought»

«Found out» significa enterarse. Si usamos en su lugar el pasado del verbo «saber» (to know), el cual es también irregular, tendríamos que decir: *«I knew»*. Por otra parte, *«afterwards»* significa «después».

No obstante, la traducción propuesta:

«I know after what people to think»

es la mejor opción para empezar a hablar rápidamente inglés.

Presta especial atención a esta regla:

Si usamos siempre las mismas palabras y tiempos verbales, como estas se repetirán una y otra vez, pronto cogeremos soltura y velocidad en nuestra comunicación.

Observa también que en la frase anterior hemos quitado el artículo «la» de «la gente», y es que los anglohablantes no lo usan cuando hablan de cosas en general:

Women and men are good dancers
(Las mujeres y los hombres son buenos bailarines)

Perdona ahora mi insistencia, pero el rótulo que sigue a continuación es sumamente importante:

La mejor forma de empezar a hablar con desenvoltura un idioma es usar las mismas palabras una y otra vez, construyendo frases similares y sin profundizar en la gramática. De este modo, muy pronto cogeremos soltura y velocidad. Cuando se adquiera la soltura necesaria, será el momento de afinar más en las expresiones y profundizar en la gramática. Entonces nos resultará muy sencillo hacerlo, ya que nos sentiremos sueltos y no tendremos ningún tipo de freno. Además, como estaremos entusiasmados, «el cuerpo nos lo pedirá de forma clara».

Como ejemplo a lo expuesto en el rótulo anterior, y tomando para ello la última frase, la n.º 30:

¿Para qué intentar aprender inicialmente el pasado irregular del verbo «pensar»: «**thought**», si con su tiempo presente «**think**», que conocemos perfectamente, podemos apañarnos?

«I know after what people to think»

31. No sabía lo que la gente pensaba antes.
I didn't know what people think before.
I didn't know what people thought before (forma correcta).

Ya vimos el uso del «do». El pasado es «did», y en este caso se trata de una negación, por lo que sería «**did not**», cuya forma contraída es: «**didn't**».

32. Busco para poder encontrar.
I look <u>to be able</u> to find.

El infinitivo del verbo «can» (poder), uno de los más importantes, es la equivalente a «ser capaz», y se traduce por «to be able».

---

33. Cuando llegues, llámame. Iré y todos volveremos juntos.
When you arrive, call me. I'll go and we will all come back
together.

Esta última frase tiene una gran importancia. Vamos a analizarla:

1.º El verbo «llegar» aparece en **tiempo subjuntivo:** «llegues».
Pero ya dijimos que no se usa demasiado en otras lenguas, y los
anglohablantes dirían textualmente:

Cuando tú llegas
(When you arrive)

Lo cual es bastante comprensible y lógico, evita dificultades y
pone en entredicho la utilidad de los tiempos subjuntivos.

2.º También podemos apreciar **tiempos futuros.** Recuerda que
el futuro de un verbo nos venía dado por la palabra «**will**». A veces
los anglohablantes la abrevian, a pesar de que esta palabra no es muy
larga que digamos, y así, para decir:

«*Yo iré*»

podríamos decir:

«*I will go*»

tal y como sabemos, o bien, abreviando:

«*I'll go*»

que se pronunciaría: «ail goᵤ».

3.º «**We**» es «nosotros», y «**all**» es «todos». «Todos nosotros»
sería «We all». Sin embargo, fíjate que la partícula «**will**», indicadora

de que el verbo siguiente va en futuro, se introduce entre ambas palabras, entre «we» y «all»:

«_We_ **will** _all_ come back»

Lo sé, lo sé, lo lógico sería decir:

«_We all_ **will** come back»

Pero ¿qué le vamos a hacer?, es así. ¡Estos anglohablantes...!

4.º Finalmente, fijémonos en la palabra «**back**». Esta significa
en inglés «hacia atrás», por lo que «come back» sería textualmente
«venir hacia atrás», es decir, «volver».

34. Tú querrías vivir y trabajar allí.

You _would_ want to live and work there.

Aquí tenemos una frase en condicional, es decir, con «**would**».
En efecto, esta palabra transforma la expresión «tú quieres» en «tú
querrías».

Observa también que al haber 2 verbos juntos y en infinitivo:

«_vivir y trabajar_»

solamente ponemos una partícula «to» en el primer verbo: «to live».
Esta palabra, «to», nos indica dicho tiempo infinitivo, y por tanto ya
no sería necesario insistir:

«_to live and to work_»

pues al estar juntos los 2 verbos, se entiende que todo va en infinitivo,
siendo el resultado final el que ya conoces:

«_to live and work_»

35. Ayúdale a él. Después intenta salir pronto para tomar un café.

Help him. After try to go out early to have a coffee.

36. Ella tiene que trabajar. Después intentará salir pronto para tomar una cerveza.

She has to work. Then she will try to go out early to have a beer.

37. Él quiere comprar, pero no puede gastar mucho dinero porque no lo tiene. Necesita encontrar un trabajo para poder pagar y viajar en vacaciones.

He <u>wants</u> to buy, but he can't spend very much money because he doesn't have it. He needs to find a job to be able to pay and travel on vacation.

La 3.ª persona del singular toma una «s» en los verbos. De este modo, no decimos «he want», sino «he wants».

A veces, en vez de una «s» podemos encontrar la terminación «es». Fíjate en estos verbos de uso muy frecuente que acaban en «-o»:

Go: I go, he goes
Ir: yo voy, él va

Do: I do, she does
Hacer: yo hago, ella hace

Pon ahora tu atención en la pequeña palabrita «it» que nos ha aparecido. Parece muy molesta para lo pequeña que es, pero su uso es realmente sencillo. Nosotros decimos:

«Ellos lo tienen»

y los anglohablantes sustituyen nuestro «lo» por su «it», para hacer de este modo referencia a algo que ya salió anteriormente en una conversación. El resultado sería este:

«They have it»

Segundo ejercicio

Si te parece (y si no también), vamos a hacer ahora lo mismo que hicimos ayer. Graba la versión inglesa de las frases anteriores, leyéndolas directamente del libro y dejando 4 ó 5 segundos entre ellas. Después, escúchalas desde la grabación y tradúcelas al castellano (sin el libro delante), aprovechando para ello esos segundos de tiempo que dejaste entre cada una de las frases.

Para hacerlo del mejor modo posible, te vuelvo a recomendar los siguientes puntos:

1.º Antes de leer la frase haz un reconocimiento previo de su vocabulario, de forma que sepas pronunciar (de acuerdo con tu nivel de inglés) cada una de sus palabras. Si no recuerdas cómo se pronuncia alguna de ellas, mírala en la tabla.

2.º Antes de leer la frase en inglés, pronuncia en castellano su número de frase. Por ejemplo: «Frase 5», y acto seguido la lees en inglés, tal y como hemos dicho.

3.º Ten a mano un bolígrafo y un papel. Si tuvieses problemas para traducir alguna frase, simplemente anota su número, y cuando termines el ejercicio la compruebas, reforzando el vocabulario que tenga y/o aquella parte de la frase que no hayas podido identificar correctamente.

4.º No borres las frases cuando termines. Consérvalas, nos harán falta mañana.

Capítulo 26

Sexto día de práctica

❦

Primer ejercicio

Traduce al inglés las siguientes frases. Usa tu cartulina para tapar la solución y compruébala después:

1. **Por favor, ¿dónde puedo encontrar una cafetería?**
Please, where can I find a cafeteria?

2. **Por favor, ¿dónde está la estación de tren?**
Please, where is the train station?

3. **Por favor, ¿dónde está la calle Lewis?**
Please, where is Lewis Street?

4. **Por favor, ¿dónde está la plaza Circus?**
Please, where is Circus Square?

5. **Por favor, ¿dónde está el Hotel León?**
Please, where is the Lion Hotel?

6. **Por favor, ¿dónde está el Museo de las Ciencias?**
Please, where is the Science Museum?

7. **Buenos días, ¿dónde está la parada de metro?**
Good morning, where is the metro station?

8. **Por favor, ¿cómo puedo llegar al centro de la ciudad?**
Please, how can I get to the city center?

9. **Buenos días, ¿cómo llego a la estación de tren?**
Good morning, how do I get to the train station?

10. **Buenos días, ¿cómo puedo comprar dos tickets para este tren?**
Good morning, how can I buy two tickets for this train?

11. **Buenos días, ¿cómo compro algunos tickets para este autobús? Muchas gracias.**
Good morning, how do I buy some tickets for this bus? Thank you very much.

12. **Disculpe, ¿cómo puedo llegar al aeropuerto? Gracias.**
Excuse me, how can I get to the airport? Thank you.

13. **Buenos días, ¿cómo puedo comprar un ticket de estas máquinas? Muchas gracias.**
Good morning, how can I buy a ticket from these machines? Thank you very much.

14. **¿A (hacia) qué ciudad va usted? Voy a (hacia) Murcia.**
What city are you going <u>to</u>? I am going to Murcia.

¿Te has fijado dónde aparece la palabra «to»? Observa que la traducción literal de

«*¿A qué ciudad...?*»

sería:

«*To what city...?*»

> Para respetar que las oraciones interrogativas empiecen por una palabra interrogativa, en este caso por «What», las palabras que nosotros ponemos delante y que piden aclaración, tales como «A» (¿A qué...?), «En» (¿En qué...?), etc., en inglés se sitúan al final de la frase.

15. **Buenas tardes, ¿qué dice este anuncio? Muchas gracias. De nada.**
    Good afternoon, what does this advertisement say? Thank you very much. You're welcome.

16. **Buenas tardes, ¿qué significan (quieren decir) estos anuncios? Muchas gracias. De nada.**
    Good afternoon, what do these advertisements mean? Thank you very much. You're welcome.

17. **Buenas tardes, ¿qué está haciendo usted aquí?**
    Good afternoon, what are you doing here?

18. **Buenas noches, ¿podría decirme dónde hay un restaurante? Muchas gracias. De nada.**
    Good evening, <u>could</u> you tell me where there is a restaurant? Thank you very much. You're welcome.

En esta frase aparece «could», que es la forma condicional del verbo «can» (poder).

19. **Buenas noches, ¿cuándo cierra esta cafetería? ¿Y cuándo abre mañana?**
    Good evening, when <u>does</u> this cafeteria close? And when does it open tomorrow?

«Does» es la forma para la tercera persona del verbo auxiliar «do», usado como sabes para formular las preguntas. Para todas las demás personas se usa «do».

20. Buenas noches, ¿a qué hora cierra este local?

Good evening, what time does this place close?

«What time» es la traducción inglesa de «¿A qué hora?».

Fíjate en que los anglohablantes dirían textualmente:

«¿Qué hora?»

21. Hola. Por favor, ¿puede decirme dónde hay un banco o un cajero automático para sacar dinero con mi tarjeta de crédito? ¿Cuánto dinero quiere usted?

Hello. Please, could you tell me where there is a bank or an automatic teller machine to take out money with my credit card? How much money do you want?

Nota: En el inglés norteamericano se suelen utilizar las siglas de «automatic teller machine» (ATM) para referirse al cajero automático.

22. ¿Quiénes son estos chicos? Son tus amigos. ¿Mis amigos? Sí, tus amigos. ¿Cuáles son sus nombres? Él es Tom y ella es Raquel. Encantado, Tom y Raquel. Adiós. Hasta luego.

Who are these boys? They are your friends. My friends? Yes, your friends. What are their names? He is Tom and she is Raquel. Nice to meet you, Tom and Raquel. Bye. See you later.

Las frases de cortesía:

«Nice to meet you» o *«Pleased to meet you»*

Significan:

«Encantado de conocerte»

También podemos decir:

«*How do you do?*»
(¿Cómo está usted?)

Nota: Esta frase es muy formal.

23. **¿Por qué no viniste ayer al cine? Porque no pude ir. Estuve con Rita y trabajé ayer. Hoy y mañana trabajaré todo el día.**
Why didn't you come to the cinema yesterday? Because I could not (couldn't) go. I was with Rita and I worked yesterday. Today and tomorrow I'll work all day.

24. **¿Cuánto cuesta este menú? ¿Cuál de ellos? Este. Depende. ¿Cuántos huevos quiere usted? Quiero dos. Entonces este menú cuesta lo que pone (dice) ahí. ¿Y el menú que toma aquella chica? Aquello no es un menú. Ella come a la carta.**
How much does this meal cost? Which one? This one. It depends. How many eggs do you want? I want two. Then this meal costs what it says there. And the meal that girl is having? That is not a meal. She is eating à la carte.

«*À la carte*», al más puro estilo francés.

25. **Este perro es el perro de Tom, y esa moto es la moto de Raquel. Esta casa es mi casa, y ese balcón es mío. No podemos ver tu piso desde aquí, pues tu edificio es muy pequeño.**
This dog is Tom's dog, and that motorcycle is Raquel's motorcycle. This house is my house, and that balcony is mine. We can't see your apartment from here, because your building is very small.

Aquí nos aparece el típico genitivo inglés. Nosotros decimos:

«*El perro de Tom*», «*el coche de Raquel*»...

Los anglohablantes mencionan primero el personaje al que pertenece algo, y después le añaden esta curiosidad: **'s.**

De este modo, en inglés se diría:

«Tom's dog», «Raquel's car»...

26. **Una vez vi al perro de Tom correr y entrar en la casa de Raquel. Ella primero saltó, pero después permitió al perro entrar.**
Once I saw Tom's dog run and go into Raquel's house. First she jumped, but then she allowed the dog to go in.

27. **Hasta hoy no había visto a ningún perro correr así. ¡Claro! El perro no estaba con su dueño.**
Until today I had never seen a dog run like that. Of course! The dog was not with his owner.

«Like that», muy usado para traducir «así», «de este modo».

28. **Tom estaba entre los árboles, y cuando vio a Raquel, fue rápido hacia su casa para coger al perro y ponerle su collar.**
Tom was between the trees, and when he saw Raquel, he went quickly to her house to pick up the dog and put on his collar.

29. **Esta ciudad es mi ciudad. Yo nací aquí y vivo en la calle Mayor, frente al Ayuntamiento. Este es el autobús que tomo siempre para ir a trabajar al hospital, donde tengo muchos amigos.**
This city is my city. I was born here and I live on Mayor Street, in front of the Town Hall. This is the bus I always take to go to work to the hospital, where I have many friends.

30. **¿Vas ahora hacia tu casa? Sí. ¿Por qué? Porque cuando llegue ya estará ella en casa. ¿Cómo vas a ir allí? En mi coche. ¿Dónde está tu coche? Delante de aquel edificio. ¿Detrás de aquella casa grande? No, junto a ella. ¿Es un Mercedes negro? No, es un BMW blanco.**

Are you going home now? Yes. Why? Because when I get there she will already be at home. How are you going there? In my car. Where is your car? In front of that building. Behind that big house? No, beside it. Is it a black Mercedes? No, it is a white BMW.

Segundo ejercicio

Volvemos a hacer lo mismo que ayer. Graba la versión inglesa de las frases anteriores leyéndolas directamente del libro y dejando 4 ó 5 segundos entre ellas. Después, escúchalas y tradúcelas al castellano (sin el libro delante) aprovechando esos segundos que dejaste entre cada frase.

Como hoy tenemos frases más largas, puedes partirlas y grabarlas dejando unos segundos entre cada una de sus partes.

Para hacerlo de la mejor forma posible, te vuelvo a recomendar los siguientes puntos:

1.º Antes de leer la frase haz un reconocimiento previo de su vocabulario, de forma que sepas pronunciar (de acuerdo con tu nivel de inglés) cada una de sus palabras. Si no recuerdas cómo se pronuncia alguna de ellas, mírala en su tabla.

2.º Antes de leer la frase en inglés, pronuncia en castellano su número de frase. Por ejemplo: «Frase 5», y acto seguido la lees en inglés, tal y como hemos dicho.

3.º Ten a mano un bolígrafo y un papel. Si tuvieses problemas para traducir alguna frase, simplemente anota su número, y cuando termines el ejercicio la compruebas, reforzando el vocabulario que tenga y/o aquella parte de la frase que no hayas podido identificar correctamente.

4.º No borres las frases cuando termines. Consérvalas, nos harán falta mañana.

Tercer ejercicio

Lee una vez más y en voz alta las frases que grabaste ayer (5.º día), comprobando su traducción.

¿Ya? Pues ahora vamos a realizar un divertido e interesante dictado. Conecta la grabadora o el dispositivo donde las guardaste. Como tienes unos segundos entre cada frase, tendrás tiempo suficiente para escribirlas de forma aproximada.

Es importante que no te entretengas escribiendo. Habrá palabras que sabrás escribir correctamente y otras de las que solamente podrás escribir una aproximación. Pero de eso se trata, nos basta con que escribas una aproximación simplemente.

Cuando termines el ejercicio puedes comprobar lo que te has desviado de la escritura correcta.

CAPÍTULO 27

Séptimo día de práctica

∽

Primer ejercicio

Traduce al inglés las siguientes frases. Usa tu cartulina para tapar la solución y compruébala después:

1. **Aquella tienda tiene muchos muebles baratos.**
   That store has a lot of cheap furniture.

2. **Aquí hace calor. ¿Tienes frío?**
   It is hot here. Are you cold?

3. **Yo tengo mucho frío fuera de esta casa.**
   I am very cold outside of this house.

4. **Parece una habitación fea, pero no con esa mesa.**
   It looks like an ugly room, but not with that table.

5. **Con estas sillas el salón está lleno.**
   With these chairs the living room is full.

6. **Ayer estaba enfermo, pero hoy está mejor.**
   Yesterday he was sick, but today he is better.

7. **En el piso superior hay un niño pequeño.**
   In the apartment upstairs there is a little boy.

8. ¿Hay un niño pequeño en el piso superior?
Is there a little boy in the apartment upstairs?

9. Fran habla con ella todo el día.
Fran talks to her all day.

10. Ayer subí en el ascensor después de él.
Yesterday I went up in the elevator after him.

«Went» es el pasado del importantísimo verbo «to go» (ir).

11. John es muy fuerte porque es grande.
John is very strong because he is big.

12. Como Pedro está cansado tiene mucho sueño.
Since Pedro is tired he is very sleepy.

13. Hoy comí demasiado y me quedé dormido en la cama. ¿Has venido a verme?
Today I ate too much and fell asleep in the bed. Have you come to see me?

14. Jorge tuvo que correr mucho para coger el metro.
Jorge had to run a lot to catch the metro.

15. Jorge, ¿tuviste que correr mucho para coger el metro?
Jorge, did you have to run a lot to catch the metro?

16. Tienes que decirme eso antes.
You have to tell me that before.

17. Mañana puedo ir a su casa.
Tomorrow I can go to his/her house.

«His» (de él). «Her» (de ella).

18. Siempre puedes hacer bien aquello que deseas.
You can always do what you want well.

19. Rita no puede llegar a esa hora.
Rita can not arrive at that time.

20. Yo quiero aprender muchos idiomas.
I want to learn many languages.

21. Hoy no voy a hacer este trabajo.
Today I am not going to do this job.

22. Hoy no voy a poder hacer este trabajo.
Today I am not going to be able to do this job.

23. ¿Por qué no vas a ir a verla mañana?
Why aren't you going to see her tomorrow?

24. ¿Cuándo va a tener Sam tiempo libre?
When will Sam have free time?

25. No deseo hacer eso. ¿Y tú? ¿Quieres?
I don't want to do that. And you? Do you want to?

26. José quiere aprender.
José wants to learn.

27. Luis quiere jugar en Internet, y quiere jugar ahora.
Luis wants to play on the Internet, and he wants to play now.

28. Yo quiero mucho a mis padres y a mis dos hermanos.
I love my parents and my two brothers very much.

29. Si quieres conseguir lo que deseas, tendrás que estudiar más y mejor.

If you want to achieve what you wish, you will have to study more and better.

30. He estado pensando en salir de aquí mientras tú estabas comiendo.
I have been thinking about getting out of here while you were eating.

31. ¿Viniste a mi casa? No, porque he trabajado durante todo el día. Estoy seguro de que tú estabas durmiendo. Sí, tienes razón, pero solo después de desayunar.
Did you come to my house? No because I have worked all day. I'm sure you were sleeping. Yes, you're right, but only after breakfast.

32. Angelines puede hacer las mejores paellas del mundo. Su marido, Gabriel, es muy inteligente y es uno de mis mejores amigos.
Angelines can make the best paellas in the world. Her husband, Gabriel, is very intelligent and is one of my best friends.

33. El año que viene deseo vivir en Alemania. Quiero mucho a este país, y voy a trabajar allí con mi amigo Alejandro.
Next year I want to live in Germany. I love this country very much, and I am going to work there with my friend Alejandro.

Segundo ejercicio

Graba la versión inglesa de las frases anteriores leyéndolas directamente del libro y dejando 4 ó 5 segundos entre ellas. Después, escúchalas y tradúcelas al castellano (sin el libro delante) aprovechando esos segundos que dejaste entre cada frase.

Las frases más largas puedes partirlas y grabarlas dejando unos segundos entre cada parte, tal y como hiciste el día anterior.

Una vez más, te vuelvo a recomendar lo de siempre:

1.º Antes de leer la frase haz un reconocimiento previo de su vocabulario, de forma que sepas pronunciar (de acuerdo con tu nivel de inglés) cada una de sus palabras. Si no recuerdas cómo se pronuncia alguna de ellas, mírala en su tabla.

2.º Antes de leer la frase en inglés, pronuncia en castellano su número de frase. Por ejemplo: «Frase 5», y acto seguido la lees en inglés, tal y como hemos dicho.

3.º Ten a mano un bolígrafo y un papel. Si tuvieses problemas para traducir alguna frase, simplemente anota su número y, cuando termines el ejercicio, la compruebas, reforzando el vocabulario que tenga y/o aquella parte de la frase que no hayas podido identificar correctamente.

Tercer ejercicio

Lee una vez y en voz alta las frases que grabaste ayer, comprobando su traducción.

Vamos a realizar el mismo el mismo tipo de dictado que hicimos ayer, aunque con otras frases distintas, claro. Conecta el dispositivo donde las tienes grabadas y escúchalas. Ya sabes, como dejaste unos segundos entre cada frase, tendrás tiempo suficiente para escribirlas de manera aproximada.

Es importante que no te entretengas escribiendo. Habrá palabras que sepas escribir correctamente y otras que no, pero nos basta con una aproximación.

Cuando termines el ejercicio puedes comprobar lo que te has desviado de la escritura correcta.

CAPÍTULO 28

Gramática fundamental

~∞~

MUCHA de la gramática expuesta en este capítulo ya nos ha salido con antelación, pero no está de más recordarla ahora y de paso reagrupar la información para que puedas aprenderla más fácilmente.

Esta tabla te será de gran ayuda para saber formar todos los tiempos de los verbos regulares:

Infinitivo	con «**to**»	to live
Presente	sin «**to**»	live
Futuro	**will**	will live
Condicional	**would**	would live
Pasado	**-ed**	lived
Participio pasado	**-ed**	lived
Imperativo	Como el presente	Live!
Gerundio	**-ing**	living

Puedes observar que los tiempos referentes al «pasado» y al «participio pasado» tienen la misma forma «-ed». En el ejemplo hemos usado el verbo «to live», que termina en «e». Los verbos regulares cuya terminación es «e» forman el pasado añadiendo una «d».

Ahora bien, la forma pasada o pretérita del verbo «to want», por ejemplo, sería «wanted», y su pronunciación: wa<u>ó</u>ntid.

De este modo, cuando el verbo termina en «t» o en «d», la pronunciación de la terminación «-ed» es «id», y se añade una sílaba más al pronunciarlo:

Want (waont) - Una sílaba
Wanted (waóntid) - Dos sílabas

*   *   *

— Tal y como expliqué en el capítulo 25, el modo subjuntivo pretérito en español se traduciría por el pretérito en inglés, pero de momento usaremos el presente de indicativo en inglés para el **tiempo subjuntivo.**

En español decimos: ¡Ojalá...

... Pudiese hacerlo!

No decimos «¡Ojalá puedo hacerlo!». En cambio, para no complicarnos la vida, en inglés no distinguiremos entre modo subjuntivo e indicativo, por lo que la frase anterior quedaría así: ¡Ojalá (I wish)...

... I can do it!
(... puedo hacerlo!)

*   *   *

— **El presente continuo** equivale a nuestro presente de indicativo, y es realmente una forma muy usada en inglés. Se emplea cuando la acción se desarrolla en el mismo momento.
El presente continuo se construye usando el verbo «to be» y el gerundio del verbo al que nos referimos:

She is going
(Ella va)

We are coming
(Nosotros venimos)

Su forma **negativa** sería:

She is not going
(Ella no va)

We are not coming
(Nosotros no venimos)

Su forma **interrogativa** sería:

Is she going?
(¿Va ella?)

Are we coming?
(¿Venimos?)

Su forma **interrogativa-negativa** sería:

Is she not going?
(¿No va ella?)

Are we not coming?
(¿No venimos?)

Isn't he going?
(¿No va él?)

Aren't they going?
(¿No vienen ellos?)

*   *   *

— **El pasado continuo** se construye de la misma manera, pero en este caso el verbo «to be» va en pasado:

She was going
(Ella iba)

We were coming
(Nosotros íbamos)

Su forma **negativa** sería:

She was not going
(Ella no iba)

We were not coming
(Nosotros no íbamos)

Su forma **interrogativa** sería:

Was she going?
(¿Iba ella?)

Were we coming?
(¿Veníamos?)

Su forma **interrogativa-negativa** sería:

Was she not going?
(¿No iba ella?)

Were we not coming?
(¿No veníamos?)

Wasn't he going?
(¿No iba él?)

Weren't they coming?
(¿No venían ellos?)

* * *

— Para la **negación** se usa «not». «Not» niega el verbo al cual sigue:

I have
(Yo tengo)

I have not
(No tengo)

En inglés no se puede poner más de una negación por frase, pues ambas se anularían.

Por ejemplo, sabiendo que «nothing» significa «nada», la frase:

«No tengo nada»

Se diría:

«I have nothing»

y no: «I have not nothing».

* * *

— **«Do»**, es un verbo que significa «hacer», pero además es una partícula que se usa:

a) En las **preguntas**:

What do you want?
(¿Qué quieres?)

Cuando se trata de la 3.ª persona del singular, «do» se transforma en «does»:

What does he want?
(¿Qué quiere él?)

b) En las **frases negativas**:

We do not want
(No queremos)

Para la 3.ª persona del singular, sería:

She does not want
(Ella no quiere)

c) «**Do not**» niega toda la frase:

Do not disturb
(No molestar)

Y se contrae con mucha frecuencia:

Don't disturb
Don't go

* No se usa «do» ni en las preguntas ni en las frases negativas de los verbos auxiliares (be, have, can).

*   *   *

— «Do» se transforma en «**did**» en el tiempo pasado:

I did not work yesterday
(No trabajé ayer)

Did you play yesterday?
(¿Jugaste ayer?)

Yes, I did
(Sí, jugué)

No, I didn't
(No, no jugué)

* * *

— La forma verbal «**Hay**» se puede traducir en inglés por «There is» (singular) o por «There are» (plural):

There is a tree
(Hay un árbol)

There are a lot of trees
(Hay un montón de árboles)

Al formular una pregunta se invierten su palabras:

Is there a tree?
(¿Hay un árbol?)

Are there many trees?
(¿Hay muchos árboles?)

La forma pasada «**había**» se traduce por «There was» o por «There were», según se trate de singular o de plural:

There was a book
(Había un libro)

There were many books
(Había muchos libros)

Esto último es algo bastante lógico, puesto que las formas «was» y «were» son las formas pasadas del verbo «to be», y por tanto sustituyen a «is» y a «are» respectivamente.

* * *

— No se ponen los **artículos** que acompañan a los sustantivos cuando nos estamos referimos a una generalidad.

Dogs are carnivorous
(Los perros son carnívoros)

* * *

— La **3.ª persona del singular** toma una «s» en los verbos. De este modo, no decimos «He want», sino «He wants». Los verbos que acaban en «o», como «go» o «do», añaden «es»: «goes», «does».

* * *

— El **genitivo sajón**. Cuando algo pertenece a una persona se añade ('s) al poseedor. El artículo no se pone.

Antonio's car
(el coche de Antonio)

La traducción literal sería algo así como «Antonio su coche», o «de Antonio su coche». Esta traducción literal puede ayudarte a formar esta construcción hasta que cojas soltura y te salga de manera natural.

Si hablamos de la posesión de muchas personas, únicamente se coloca el apóstrofo (').

These boys' mother
(La madre de estos chicos)

En realidad esto es así porque, cuando hablamos de muchas personas, hablamos de la forma plural de una palabra que, por lo general, en inglés se forma añadiendo una «s» al final de una palabra. Sin embargo, para expresar la posesión de palabras como «men», «women» y «children», que son las formas plurales de «man», «woman» y «child», también es necesario añadir ('s) a los poseedores (ej.: «El club de los hombres» sería «The men's club»). De la misma manera, únicamente se coloca el apóstrofo (') para hablar de la posesión de una persona cuyo nombre termina por «s» (ej.: «El perro de Jesús» sería «Jesus' dog»).

* * *

— El uso de «**let's**». Se emplea al principio de una frase para formar la primera persona del plural del modo imperativo:

Let's go!
(¡Vayamos!)

Let's take the bus!
(¡Tomemos el bus!)

* * *

Otras reglas sencillas son estas:

— El **sujeto** siempre acompaña al verbo.
   Nosotros decimos:

«Puedo ir» (sin el yo)

En inglés sería obligatorio decir:

«I can go»

* * *

— El **plural** se forma generalmente añadiendo una «-s». Los sustantivos que acaban en «o» forman su plural con «-es».
   La «e» de estos plurales no se pronuncia:

«*potato*» sería «*potatoes*» (patéit<u>eo</u>s) en plural.

Si el sustantivo termina en «y» precedida de consonante, el plural se forma sustituyendo la «y» por «ies»:

baby/babies

Pero si la «y» va precedida de vocal, el plural se forma siguiendo la regla general:

boy/boys

* * *

— El **adjetivo** es invariable en género y número, y se antepone al sustantivo.

Por ejemplo, «*new*» es la traducción de «nuevo, nueva, nuevos, nuevas.

A new car
(Un coche nuevo)

* * *

— Las palabras que en castellano terminan en «**-ción**», en inglés lo hacen por lo general en «**-tion**»:

nación/*nation*
educación/*education*
acción/*action*

* * *

— Los adverbios que en castellano terminan en «**-mente**», en inglés lo hacen por lo general en «**-ly**»:

generalmente/*generally*
malamente/*badly*
fácilmente/*easily*

* * *

— Seguidamente deseo hacer referencia a algunas **frases importantes o modismos** de uso común:

It is (It's) hot (cold)
Hace calor (frío)

In the morning
Por la mañana

In the afternoon
Por la tarde (primeras horas)

In the evening
Por la tarde (final de la tarde)

At night
Por la noche

On Monday, on Sunday…
El lunes, el domingo…

Five years ago
Hace cinco años

A long time
Mucho tiempo

At once
Enseguida

I think so
Creo que sí

I don't think so
Creo que no

It doesn't matter
No importa

What time is it?
¿Qué hora es?

What is (What's) the time?
¿Qué hora es?

It is two o'clock
Son las 2 en punto

It is half-past three
Son las 3 y media

On time
A tiempo

By plane, by bus, by train…
En avión, en bus, en tren…

In advance
Por adelantado

At last
Al fin

To have a good day
Tener un buen día

To spend a day
Pasar un día

To go shopping
Ir de compras

To go sightseeing
Visitar lugares de interés, ir de excursión

* * *

Para finalizar, recuerda que:

Conociendo bien el vocabulario, la gramática se vuelve mucho más sencilla, pues identificarás enseguida dónde está cada tipo de palabra en la frase: verbos, adjetivos, palabras interrogativas, palabras negativas, etcétera.

CAPÍTULO 29

Cómo continuar aprendiendo
tras los 7 días de práctica de este libro

࠮

U NA vez que termines con el contenido de este libro tendrás que continuar aprendiendo y perfeccionando el idioma inglés. Pero antes de indicarte nada al respecto, haré hincapié, otra vez, en algo muy importante: **el repaso.**

Es fundamental repasar todos los días, pues uno de los principales motivos que hace que parezca difícil aprender un idioma es que los estudiantes no lo repasan suficientemente, y apenas lo hablan dos veces por semana. Es imposible progresar de esa manera, dada la gran cantidad de términos que tendremos que manejar, y encima tendremos que hacerlo velozmente, tal y como se suceden en las conversaciones.

Una de las mejores actividades que podrás realizar para ganar en desenvoltura será la de **repasar con frecuencia las tablas y los ejercicios** que hemos visto en los 7 días de práctica. Repasa todos los días y te facilitarás enormemente el seguir aprendiendo y perfeccionando el idioma. En estos repasos podrás centrarte también en la escritura de las palabras, de forma que aprendas a escribir definitivamente el vocabulario básico que ya conoces.

En mi página web, **www.ramoncampayo.com,** puedes conseguir las **pronunciaciones** de las palabras que aparecen en todas las tablas. Están ordenadas en carpetas según el tipo de vocabulario que sea, y lo más importante es que han sido grabadas con una clara y bonita voz femenina perteneciente a una **persona nativa** expresamente seleccionada para ello. También he incluido **todas las frases** que aparecen en cada uno de los días de trabajo.

Estas frases están separadas unos segundos de tiempo entre sí, de forma que suponen un excelente complemento para este libro. Por una parte podrás mejorar tu pronunciación al escucharlas y por otra, practicar «de oído» escuchándolas y traduciéndolas, por lo que no estaría de más que al terminar el 7.º día volvieses a hacer los dictados de los días 6 y 7, pero escuchando esta vez la voz de dicha persona nativa. En realidad podrás hacerlo desde el 4.º día en adelante, pues es en este día cuando empezamos a trabajar con las frases, y todas ellas estarán también incluidas.

Y de paso te confesaré que su precio es muy reducido, y que con ellas solo pretendo cubrir los gastos de su creación, además de ofrecértelas, por supuesto, como un complemento de interés.

Finalmente, te voy a recomendar además las siguientes posibilidades, todas ellas muy interesantes:

1. Seguimiento de un sencillo curso

Es muy importante para seguir profundizando correctamente en el conocimiento del idioma. Puede ser a través de un libro, un curso en CD, un curso a través de Internet, etc. Si es audiovisual, mejor que mejor.

2. Lectura de cuentos

Bueno, esto sí que es algo realmente bonito. Lee cuentos sencillos, para niños, que posean dibujos e ilustraciones. Recupera el recuerdo de lo que hacías en tu infancia.

3. Lectura de libros con vocabulario reducido

Son libros sencillos de adquirir, pues se encuentran en muchas librerías, y además son bastante económicos.

Suelen contener bastantes dibujos y tratan sobre temas sencillos y entretenidos, así como preciosas aventuras. Pero lo más importante, y lo que realmente los hace interesantes para nosotros, es que contienen un vocabulario reducido y progresivo, y están escritos de forma perfecta gramaticalmente hablando, por lo que enseguida te familiarizarás aún más con la estructura de todas las oraciones y con las expresiones características del idioma inglés.

Recuerda que las palabras nuevas que no conozcas podrás traducirlas con un diccionario o con una agenda traductora, y podrás adquirirlas definitivamente asociándolas en nuevas tablas de vocabulario como las que hemos hecho.

4. Ver películas en DVD subtituladas

Procura que las películas no traten sobre temas técnicos. Las mejores películas son las relacionadas con asuntos cotidianos y de sociedad, pues el vocabulario y las frases que saldrán en ellas son las más urgentes e importantes de conocer, aquellas que tendrás que utilizar con más frecuencia en la vida real.

De igual modo, son especialmente recomendables las películas de dibujos animados. Una vez más, retrocedamos hasta nuestra infancia.

5. Hablar con personas nativas mediante un chat de Internet

Dispones en Internet de numerosos chats gratuitos, tanto escritos como hablados. En ellos podrás practicar la escritura y la pronunciación con personas nativas, las cuales te solucionarán gustosamente cualquier duda que tengas. ¡Seguro!

En estos chats suele haber bastante compañerismo y desinterés, pero si quieres que te sirva para algo, procura que sea un chat específico para aprender idiomas. ¿OK?

Busca en ellos a alguien que sea nativo y que a la vez quiera mejorar su castellano. Así estableceréis una simbiosis de ayuda mutua y de amistad muy interesante y beneficiosa para ambos.

Para terminar, te recuerdo el importante consejo con el que iniciábamos este capítulo (no me importa que me llames pesado):

REPASA CON MUCHA FRECUENCIA

Lo ideal es que lo hagas todos los días, aunque solamente sean 10 ó 15 minutos.

Un ejercicio muy interesante y eficaz consiste en pensar también en inglés aquellas frases que vayas a pronunciar en castellano cada vez que tengas que hablar con alguien, en cualquier situación cotidiana del día, diciéndolas mentalmente en inglés justo antes de pronunciarlas definitivamente en castellano (pero ten cuidado con lo que le dices a continuación, no se lo vayas a decir en inglés). Si sientes dificultad con alguna frase, revísala luego en casa, tanto si es por culpa del vocabulario como si lo es por su construcción gramatical.

Bueno, querido lector, hemos llegado al final. Ya no me queda sino despedirme de ti hasta nuestra próxima cita, y lo hago deseándote todo lo mejor.

Good bye.

Currículum

~

- Ramón Campayo realiza exhibiciones desde el año 1980 hasta el día de la fecha. Actualmente posee numerosos récords del mundo de memorización, tanto en pruebas de velocidad como de fondo.

- Memorización de una cadena de 23.200 palabras en 72 horas tras oírlas una sola vez, recordando la posición exacta de cada palabra y su número de orden. (Ejemplo: ¿Cuál es la palabra n.º 18.324?) Contestó a 500 palabras escogidas al azar con el resultado de 498 aciertos y 2 fallos. Exhibición realizada ante notario en las pruebas de selección del programa *Rompiendo récords,* Barcelona, 1987.

- Memorización de 6 mazos de cartas de la baraja española (240 cartas en total) extendidas sobre una mesa (sin verlas, con los dos ojos vendados), tras oírlas una sola vez y de manera salteada. El tiempo empleado fue de 18 minutos exactos, consiguiendo recitar todas las cartas sin errores.

- En el programa de Televisión Española ¿*Qué apostamos?* (Madrid, 4 de diciembre de 1998) memorizó en directo 5 mazos de cartas sin verlas, cometiendo 2 errores. En ensayos previos sin ningún error, y además batiendo el récord mundial de velocidad al lograr memorizar a ciegas un mazo en 40 segundos (el Récord Guinnes era de 43 segundos).

- Memorización de las 84 fichas de 3 juegos de dominó manteniendo el orden exacto de los 2 dígitos de cada ficha, es decir, la ficha 3/5, por ejemplo, la distingue de la 5/3, aun siendo la misma. Realizó la prueba con los ojos vendados y tras oírlas una sola vez, empleando un tiempo de 8 minutos. T. V. A., Albacete, enero de 1999.

- También ha conseguido memorizar 6 juegos completos (168 fichas) en 9 minutos.

- 15 récords mundiales de memorización rápida obtenidos el día 9 de noviembre de 2003 en Starnberg (Alemania), en cuatro pruebas distintas. Los consiguió uno tras otro en un intervalo de tiempo inferior a una hora. Los récords finales para cada prueba fueron:

  a) Memorización en tan solo 1 segundo de un número decimal (7934625...) de 16 dígitos. Actualmente tiene 19 dígitos como récord mundial.

  b) Memorización en tan solo 1 segundo de un número binario (10010110...) de 30 dígitos. Actualmente tiene 46 dígitos como récord mundial.

  c) Memorización en tan solo 2 segundos de un número binario de 42 dígitos. Al día de hoy tiene 54 dígitos como récord mundial.

  d) Memorización en tan solo 3 segundos de un número binario de 48 dígitos. Al día de hoy tiene 62 dígitos como récord mundial.

  Todos estos récords los va superando poco a poco en cada competición, y en todas las pruebas que realiza bate alguno de ellos, ya que sus marcas personales son muy superiores a sus récords del mundo actuales.

- Posee además los récords del mundo en las pruebas de memorizar un número de 100 dígitos, con 50 segundos, y en la de memorizar un número de 1.000 dígitos, con 15 minutos.

- Asimismo, cuenta con haber memorizado de forma ordenada guías de teléfono, signos raros, gamas con infinidad de colores, reconocimiento de personas con su D. N. I., libros de todo tipo, etcétera.

- Su velocidad de lectura es superior a las 2.500 palabras/minuto, equivalente a más de 10 veces la rapidez de un estudiante universitario.

- Es miembro de la Sociedad Internacional «MENSA», con un C. I. de 194 puntos, uno de los cocientes intelectuales más altos del mundo.

- Como especialista mundial en técnicas de estudio, lectura y memorización, prepara a multitud de estudiantes y opositores, enseñándoles todos los secretos que rigen nuestra mente. Sus alumnos obtienen unos brillantes resultados gracias a sus cursos.

- Es el creador del programa de competición «Speed-Memory» (**www.speed-memory.com**), que celebra y coordina campeonatos internacionales de memoria rápida.

- En su «Escuela de Campeones» prepara a personas que están interesadas en la competición y en obtener un rendimiento mental máximo. Antes fueron alumnos suyos que realizaron un curso presencial, y ahora están situados en la élite mundial de la forma más absoluta, pues copan los primeros puestos del mundo en todas las pruebas que abarca el programa «Speed-Memory».

- Hipnoterapeuta, ejerciendo la hipnosis clínica desde 1992. En sus cursos prepara psicológicamente a sus alumnos para que logren el máximo control de su cuerpo y de su mente. Mejoran rápidamente su autoestima y su positivismo, y aprenden a eliminar todo tipo de miedos y de temores, como por ejemplo los que poseen la mayoría de los estudiantes ante los exámenes.

- Realiza frecuentes apariciones en distintas cadenas nacionales de televisión, principalmente en Cuatro, TVE y Antena 3 TV, en autonómicas, a través del Canal Satélite Internacional, y en otros programas del continente americano, tales como *Despierta América*.

- En España interviene principalmente en espacios de Radio de Onda Cero, en *Ser curiosos,* de la Cadena Ser, en la Cadena COPE y en Radio Nacional de España.